价值链风险溢出
与投资转移

——以旅游业价值链为例

THE VALUE CHAIN RISK SPILLOVER
AND INVESTMENT TRANSFER

尹美群 等◎著

社会科学文献出版社
SOCIAL SCIENCES ACADEMIC PRESS (CHINA)

本书是教育部人文社科基金项目（11YJA630179）与

国家社科基金项目（13BGL042）的部分研究成果

前　言

中国经济的快速发展使许多国外企业积极与中国企业共同搭建价值链。首先，中国巨大的市场资源，客观上吸引了一大批外资企业进军中国，为中国企业与国外优秀的公司形成长期而稳定的价值链联盟奠定了良好的基础。其次，中国信息产业的迅猛发展为企业的价值链管理提供了强有力的技术支持，中国一批企业，例如华为、实达、联想等网络厂商已经实现了群体性的崛起。最后，中国本土的配送业、仓储业等物流行业已崭露头角，这些将成为价值链下游企业，并最终创造巨大的价值。

然而 2007 年下半年以来席卷全球的经济危机，使我们清醒地看到，资本的国际化流动使得全球企业在优化资源配置的同时，也出现了风险溢出（波动）。金融市场间的风险溢出现象已经得到了国内外学者的广泛重视（洪永淼，2004；Hashmi et al.，2007；谷耀，2006；蒋翠侠和张世英，2009；等等）。事实告诉我们，这次全球性的金融危机，不但表明金融市场之间存在着风险溢出，不同产业链、价值链间也存在着风险溢出。同时，金融产品定价的经验告诉我们，风险的流动性对资产收益存在着显著的影响。风险溢出有时也会带来投资的双向转移，而投资转移将不同程度地影响价值链的价值回报。

　　本书是两个课题——教育部人文社科基金项目（11YJA630179）与国家社科基金项目（13BGL042）——成员在研究了价值链风险溢出与投资转移等问题后得到的部分研究成果。课题组成员对价值链风险溢出因素进行研究和测度，并利用上海、深圳、中国香港及韩国、新加坡等股票市场的数据深入研究了不同市场间的风险溢出问题，着重以旅游业价值链为例，对风险溢出、投资转移和价值回报的量化模型以及价值链投资转移与价值回报的互动关系等五个方面进行了实证分析研究，通过对大量的大样本数据以及典型案例进行分析，得出价值链风险溢出对投资转移产生显著影响及投资转移与价值回报存在着明显的互动关系的结论。

　　本书由尹美群、王琦、王祚、董杨、王伟强共同完成，由于受条件与水平限制，书中难免存在一些不妥之处及尚未发现的错误，请广大读者批评指正。

目 录

第一章 绪论

一 研究背景

在经济全球化以及网络经济的复杂动态环境下，孤军奋战的企业将难以进入良性经营循环，难以形成自己独特的核心竞争能力，难以有效地满足和响应客户的需求。John Ince 指出"（企业）目标是要从直线型串联的供应链转化为并联的合作共同体"（朱克曼，2004）。这就是价值链的概念。Porter（1985）指出，每一个核心企业，必须把产品原料的采购及产品的生产、销售和售后服务的整个过程看成一条价值不断增值的链条，并对整条价值链实施有效的管理。

1995 年哈佛商学院教授 Rayport 和 Sviokla（1995）提出虚拟价值链概念，Prabakar Kathandaraman 等（2001）构建价值网模型，使价值链概念的内涵不断丰富。今天的价值链已经不仅仅是一种理念，更是一种实践。大量企业已经把价值链理念运用到实践当中。美国福特汽车公司在推出新车 Festiva 时，就成功地运用了价值链理念——新车由美国设计，由日本马自达汽车公司生产发动机，由韩国的制造厂生产其他零件和装配，再运往美国和世界市场上销售。

中国经济的快速发展使许多国外企业积极与中国企业共同搭建价值链。首先，中国巨大的市场资源客观上能够吸引一大批外资企业进军中国，为中国企业与国外优秀的公司形成长期而稳定的价值链联盟奠定良好的基础。其次，中国信息产业的迅猛发展为企业的价值链管理提供了强有力的技术支持，中国一批企业，例如华为、实达、联想等已经实现了群体性的崛起。最后，中国本土的配送业、仓储业等已崭露头角，这些将成为价值链的下游企业，并最终创造巨大的价值。

随着金融全球化步伐的不断加快，不同国家同一市场、同一国家不同市场、同一市场不同行业的信息传递日渐紧密。随着美国的次贷危机及由该危机引发的席卷美国及全世界金融市场的危机的爆发，我们发现金融风险不仅存在于企业的局部，它能通过企业之间的链条进行传染，最终影响整个经济环境。一方面，在宏观经济的大背景下，企业所面临的风险会受到宏观基本面的影响，如市场环境、宏观经济冲击、共同资金约束等。另一方面，企业同样会受到自身价值链或节点企业自身风险控制能力、风险属性、相互关系等微观因素的制约，从而使风险传染更具扩散性和传染性。

价值链及风险管理逐渐成为当下研究的热点。仔细分析价值链的风险溢出及其波动的特征，可以发现，由于企业之间存在复杂的债权债务关系，因此两个国家相同行业的企业价值链之间存在风险溢出，多个国家同一行业企业价值链对一个国家该行业企业价值链存在共同风险溢出，国内一行业价值链与其他行业价值链之间也存在共同风险溢出。基于流动性、交易量、回报率等衡量风险的因素的变化，价值链风险溢出还会对投资转移与价值回报产生相应的影响。同时，投资转移与价值回报之间还存在着某种互动关系。

然而，过往的研究一般都从市场指标角度出发，研究股票、债券、期货等资本市场的风险溢出及其波动。同时从市场指标和财务指标两个角度，研究不同国家不同市场某一特定行业，如旅游业的价值链风险溢出及其波动影响的几乎没有。而在实际环境中，随着世界经济的发展及全球化进程的加快，作为第三产业的旅游业正逐渐成为政府监管部门、企业内部管理者、企业价值链利益相关者等关注的焦点。因此，测度旅游业价值链的风险、旅游业价值链之间的风险溢出、风险波动对投资转移和价值回报的影响及它们之间的互动关系有较强的理论和现实意义，这也是本书的出发点和落脚点。

二　研究意义

正如前文所提到的，2007 年下半年以来席卷全球的经济金融危机，使我们清醒地看到，资本的国际化流动使得全球企业在优化资源配置的同时，也产生了风险溢出/传动（戴相龙，2009）。金融市场间的风险溢出现象已经得到了国内外学者的广泛重视（洪永淼，2004；Hashmi et al.，2007；谷耀，2006；蒋翠侠和张世英，2009；等等）。而价值链节点企业之间包括价值链链条之间的风险溢出、风险测度及其价值相关性则一直没有得到学者的充分关注。事实告诉我们，本次全球金融危机的爆发，不但凸显了金融市场之间存在风险溢出，不同产业链、价值链间也存在风险溢出。

全球化进程就如一张无形的巨网一样，把世界上绝大多数微观实体绑定在了这张网络上，每个微观实体——不论是大是小，属于重要领域或是新兴产业的变动都会对网络产生影响。影响网络整体或局部稳定的因素既包括宏观层面的、中观产业层面的，也包括微观层面的。三个层面因素的共同作用使世界上的企业联系在一起，宏观经济事件或政策一般会作用于市场整体和所有的行业，并产生不同的效果，微观因素的影响更加具体和显著。

金融危机让世人重新关注和认识风险在世界范围内的传染和转移，以及风险的传染所导致的对企业投资转移和价值回报的影响。缘于某个国家的金融风险是否会对其他国家的经济状况产生影响？价值链之间是否存在风险传染与投资转移？如何定量地衡量影响的大小？如何判断是否发生了风险传染和投资转移？价值链风险溢出对投资转移和价值回报有什么样的影响？如何判断风险传染的中介变量？这些都是我们将要谈论的问题，遵循发现问题、评价问题和解决问题的方法，本书将逐一阐述上述问题，以上问题的解决，将有助于政府、投资机构或个人识别、理解风险的传染机制及其影响，从而更科学合理地规避风险、切断风险的传染途径、做出正确的投资决策。

金融产品定价的经验（Pastor and Stambaugh，2003；Acharya and Pedersen，2005；黄峰和杨朝军，2007；等等）告诉我们，风险的流动性对资产收益存在着显著的影响。同时，风险溢出有时也会带来投资的双向转移，而投资转移将不同程度地影响价值链的回报，因此，价值链风险溢出的价值相关性也成为亟待明确的问题。

可见，在当前全球经济尚未复苏、中国制造业处于风口浪尖的大背景下，迫切需要对价值链的风险溢出机制、价值链的风险溢出测度、价值链投资转移与价值回报之间的关系等问题进行深入细致的研究。

另外，随着我国人均 GDP 的持续增长，作为我国的新兴行业的旅游行业正面临着巨大的机遇，同时也面临着前所未有的风险与挑战。本书在大样本数据验证理论假设的基础上，对风险传染和影响机制在旅游业的应用进行实证和案例分析，研究和讨论旅游行业价值链间是否同样存在着风险溢出效应，如果存在风险溢出效应，我们该如何衡量和规避旅游行业中的价值链风险溢出对价值回报和投资转移的影响，同样，问题的解决将对旅游行业的健康持续发展起到极大支撑作用。

本书作者认为，可从价值链风险溢出的影响因素着手研究，针对价值链风险溢出的存在、传导机制、价值链风险溢出的测度等进行研究，进一步推导出价值链风险溢出效应对投资转移以及价值回报的影响。具体来看，这一主题具有如下理论和实践意义。

（一）理论意义

1. 为价值链风险溢出机制提供理论模型

本书将从价值链风险溢出的基本面因素（包括市场环境、宏观经济冲击以及共同资金约束等）与纯粹因素（包括不同价值链或节点企业的风险控制能力、风险属性、相互关系等）两个角度出发，剖析不同行业价值链风险溢出的内因，找出其内在的关联关系。

2. 为价值链风险溢出测度设计可操作的量化模型

清晰认识价值链风险溢出的情况，可以令价值链节点企业及时做出风险判断和进行风险管理，因此测度价值链风险溢出就显得尤为重要。本课题将在充分调研、推演、论证、检验的基础上，运用 GARCH 模型，推导出价值链风险与风险溢出的量化模型，提高价值链企业风险管理的可操作性。

3. 为价值链风险溢出对投资转移及价值回报的影响提供验证

风险溢出与投资转移及资产收益之间的相关性已经在金融市场得到

部分验证，但是由于价值链涉及的行业更多，本书将对三者关系中的每一环节加以理论推导、数据验证以及案例剖析。三者之间可能存在的相互影响关系如图1-1所示。

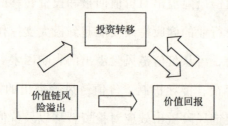

图1-1 价值链风险溢出、投资转移与价值回报之间的关系

（二）实践意义

1. 为政府监管部门有效控制宏观经济风险提供数据支持

企业微观经济层面的风险扩大，必然会导致宏观经济风险，正如2008年的金融风暴一样。如何及时监控企业风险继而有效控制宏观经济风险一直是监管部门工作的重点和难点。

2. 为企业内部管理者完善内部风险控制与管理提供思路

本书通过对价值链风险溢出的测度，使管理者能够较为清晰地看到风险强度，并能够为管理者进行风险控制与管理提供有益参考。

3. 为企业价值链利益相关者分析风险溢出因素、风险溢出发生期并调整价值链战略提供参考

价值链企业本着利益共享机制，与链条上的利益相关者共生共赢。对企业外部的价值链利益相关者来说，风险溢出具有较大的隐蔽性和复杂性，对收益的影响也不易衡量，因此，剖析价值链风险溢出因素、分析风险溢出发生期对价值链上的利益相关者及时调整战略具有重要意义。

4. 为旅游企业价值链风险测度提供数据

目前，关于风险传染、非流动性补偿及投资转移的研究成果比较多，但几乎未涉及旅游行业价值链的风险传染研究，本研究从理论上阐明了价值链中企业信用风险的传染模式，并且通过案例分析的方法实证风险和投资转移、价值回报，不仅从市场指标的角度对风险溢出进行衡量，还创新性地从财务角度对风险进行试探性研究。本研究对于旅游企业价值链风险评估和管理有着重要的意义，尤其对旅游企业价值链风险规避具有较强的实际意义。

三 研究内容

进入 21 世纪以来，旅游业已逐渐超越汽车、石油等工业，一跃成为当今世界第一大产业。随着全世界对旅游业关注程度的提高，无论是政策监管部门、企业内部管理者还是企业价值链利益相关者，都会关心与旅游业或其节点企业的价格走势，最重要的是对旅游业价值链风险溢出的测度以及对投资转移与价值回报之间关系的判断。所以说，要了解并投资于旅游业及其相关行业，必须了解旅游业价值链的风险溢出效应以及其与投资转移和价值回报之间的关系。本书主要探讨旅游业价值链风险溢出的影响因素，从宏观层面研究影响旅游业价值链或节点企业风险溢出的基本面因素。当基本面因素没有发生变动时，如果旅游业价值链会发生共同变动，那么影响这种共同变动的纯粹因素又有哪些？确定了影响旅游业价值链风险溢出的基本面因素和纯粹因素之后，本书还将进行旅游业价值链风险溢出测度研究。本书从市场指标和财务指标两个角度出发，考察旅游业价值链的风险溢出效应，并验证两大股票市场旅游业价值链之间是否存在风险溢出；多个股票市场旅游业价值链对一个股票市场旅游业价值链是否存在共同风险溢出；国内旅游业价值链与其他行业价值链之间是否也存在共同风险溢出。在此基础上，我们还将研究价值链风险溢出对价值回报与投资转移的影响，以及投资转移与价值回报之间的互动关系等。

本书实证研究部分首先确定价值链风险溢出的影响因素，包括基本面因素和纯粹因素。其次通过搜集几个股票市场旅游业上市公司的日收盘价数据和国内旅游业及其他行业上市公司的日收盘价数据和净资产收益率数据，将日收盘价数据手工处理成金融资本市场研究经常采用的日收益率数据后，建立相对应的广义自回归条件异方差模型（GARCH），并对旅游业价值链的风险溢出效应进行度量和检验。然后在进行大样本数据验证的同时，对量化研究模型进行推论并进行典型案例分析，考察价值链的风险溢出对投资转移、价值回报的影响。最后采用三阶段最小二乘法建立联立方程分析与验证价值链的投资转移与价值回报的互动关系。如果上述问题能够一一解决，无论对政府监管部门、企业内部管理者还是企业价值链的利益相关者来说，都会有一定的帮助和借鉴意义。

四 研究框架

本书一共分为八个章节，具体内容如下。

第一章为问题的提出，主要是对本书的研究内容、背景及意义等的概述。

第二章为理论综述，主要是针对价值链以及旅游业价值链风险溢出、价值链风险溢出对投资转移与价值回报的影响的相关研究成果的梳理。

第三章为价值链风险溢出的因素研究，主要从基本面因素以及纯粹因素两个角度对价值链风险溢出进行研究，并以旅游业价值链为例进一步进行实证分析，从而确定影响旅游业价值链或节点企业风险溢出的基本面因素。

第四章为旅游业价值链风险溢出的测度，从市场指标与财务指标两个角度考察两大股票市场旅游业价值链之间的风险溢出效应。其一研究不同股票市场旅游业价值链间的风险溢出效应；其二研究国内部分行业价值链对旅游业价值链的共同风险溢出效应。实证研究结果与第三章研究结果相呼应，并为第五章、第六章提供理论与数据支持，为本书的核心章节。

第五章为旅游业价值链风险溢出对投资转移影响的量化研究，在进行大样本数据验证的同时，推论量化模型和分析典型案例，充分剖析旅游业价值链风险溢出效应与投资转移之间的影响关系。

第六章为旅游业价值链风险溢出对价值回报影响的量化研究，在进行大样本数据验证的同时，推论量化模型和分析典型案例，充分剖析旅游业价值链风险溢出效应与价值回报之间的影响关系。

第七章为价值链投资转移与价值回报的互动关系研究，首先对研究结论进行预期并提出假设，其次选取样本数据，并运用三阶段最小二乘法和联立方程模型进行实证研究，得出的实证结果与研究假设相比较，验证两者的互动关系，最后进行典型案例分析，充分剖析价值链投资转移与价值回报之间的互动关系。

第八章为结论，首先根据第四章、第五章实证分析得出研究结论，其次结合发展现状对全书进行总结，最后为相关领域政府监管部门、企业内部管理者以及企业价值链利益相关者等提供一些启示。

第二章　理论综述

一　理论综述

（一）价值链理论发展回顾

1. 第一阶段：企业内部价值链

价值链理论由美国著名学者波特（1985）在《竞争优势》一书中首次提出，波特将价值链定义为：每一个核心企业必须把产品原料的采购，产品的生产、销售和售后服务的整个过程看成一条价值不断增值的链条，并对整条价值链实施有效的管理。而价值链思想的核心是通过消除产品价值形成中的无增值作业，最大限度地提高企业价值管理的效率，保持并创造企业的持续竞争优势。

2. 第二阶段：产业链

波特在 1985 年提出价值链的概念之后立即引来众多学者对价值链理论的探究与思考。其中，较有代表性的人物为 John Shank 和 V. Gowindarajan，他们将价值链的概念诠释为：价值链是企业从供应商那里取得生产经营所需的原材料后，投入生产，直到将产品送到最终顾客手中的整个过程。这与波特所提出的定义基本一致，只是他们的诠释扩展了价值链概念的范畴。波特所提出的价值链思想更加侧重以企业内部环境为出发点，而 John Shank 和 V. Gowindarajan 则以企业内部为重心，分别向前后延伸到供应商和最终用户那里。最重要的是他们将会计信息更好地融入了价值链管理理论当中，通过会计方法计算价值链上每个核心环节的价值增值，保持和创造企业自身的核心竞争力，从而使企业能有效地实施战略性成本管理。

3. 第三阶段：虚拟价值链、价值网

随着现代信息科学技术的迅猛发展以及价值链管理理论的日渐成熟，Jeffery F. Rayport 和 John J. Sviokla 第一次提出了"虚拟价值链"的概念。虚拟价值链是将传统的价值链分成实体价值链和虚拟价值链两部分，信息作为价值增值的来源。虚拟价值链上的每个环节的原始信息经过搜集、选择、合并、分享等都将转化为使核心企业价值增值的信息。虚拟价值链的概念提出以后，"价值网"的概念应运而生，著名咨询公司美世的顾问 Adrian Slywotzky 认为面对瞬息万变的市场竞争状况和外部环境，传统的企业价值链已不能满足企业的需要，应当将企业内部价值链和纵向价值链扩展为"价值网"。提倡价值网的概念并不是要增加实体企业，而是要增加虚拟企业成员所构成的链环。他认为价值网概念的提出更加符合价值链管理理论发展的要求，通过各个企业所产生的虚拟信息流相互交错构成新的价值增值网，其企业成员在该价值增值网中能够更好地建立本企业的核心竞争力，提高相对竞争地位，实现共同增值的目标。

（二）价值链会计理论发展溯源

1. 国外的价值链会计理论

国外的会计学学者最早将价值链思想应用于管理会计中，Yoshika-wa et al.（1995）从价值分析和价值驱动因素入手，提出功能成本分析的概念。功能成本分析是按功能因素划分提供给消费者的产品或服务的成本，使整个团队利用各种方法将每个功能的成本控制在目标成本之内，并将采购、生产、销售纳入成本管理体系中从而达到控制成本的目标。Yutaka（1993）将目标成本（设计新产品以达到控制产品成本的目的）纳入日本企业的成本管理技术中。Cooper et al.（1996）对目标成本过程进行了更加详尽的阐述，即根据市场需求定义产品的质量和功能，继而测算出目标成本。Ellram（2000）进一步分解目标成本的各个环节，将由市场需求带来的压力落实到价值链的每一个环节上，从而更好地为客户创造价值。国外学者还将价值链思想应用于战略管理领域。基于 Shank（1989）对战略管理三个研究方向的划分：价值链分析、战略定位分析、成本动因分析，Anderson et al.（2009）整合了会计学、运营管理、公司战略管理等多学科的研究成果，从结构成本和执行成本角度剖析了供应链成本管理的方方面面并对其框架进行了重新构建。

2. 国内的价值链会计理论

国内会计学研究者也将价值链思想与会计研究相结合。我国会计学泰斗阎达五教授（阎达五、尹美群，2003）首次提出价值链会计的概念，阎达五教授认为价值链会计是一种对企业价值信息及其包含的收集、加工、存储等过程的深层次关系的研究，它在更好地控制和管理企业价值链的同时保证企业价值链的合规性、高效性，最终达到企业价值增值最大化和价值分配合理化的目的。他同时认为价值链会计研究的对象是包括资金流、信息流和实物流在内的价值链信息及与其相关的经济关系。通过对上述各个环节和链条的研究，企业能更好地疏通信息传递渠道、调整企业价值链，从而协调各部门、环节的关系。随后，尹美群等（2004）在探讨价值链会计理论框架的构建时指出，价值链理论不仅能有效地帮助我们科学分析影响企业价值增值的动因，还能够提升企业的核心竞争力，其中，价值链会计目标、本质、假设、原则等理论要素是价值链会计理论框架的重要组成部分。此外，李百兴（2003）对价值链会计的实质做出了更加完善的诠释。他认为价值链会计得以产生的条件是市场和顾客需求，营运准则为多方共赢、协同贸易和协同竞争，研究方法则为价值链管理理论与现代企业信息技术相结合，最终追求的是价值链的价值增值，这与阎达五教授的观点是基本吻合的，而价值链管理的目标则是提高企业的核心竞争力、顾客满意度和占有市场份额。李百兴教授又指出价值链会计管理的重中之重是协同合作，也就是供应商、核心企业与顾客构成一个极具竞争力的网状战略联盟，从而凸显整条价值链的竞争优势，实现真正的多方共赢。綦好东、杨志强（2005）将价值链会计定位为管理会计的分支，认为这将引起管理会计的变迁，强调价值链会计本身是价值链管理的重要组成部分，并就价值链会计的研究主题和研究范围等方面进行讨论和研究。

另外一些学者也就价值链会计的对象和目的进行了较为深入的研究。戴德明（2003）详尽地阐述了价值链会计的相关理论，他认为价值链会计是会计管理与价值管理相结合的产物。其研究的重点在于价值链会计的对象，而价值链会计的目的在于通过信息的传递疏导企业的价值链，使企业内部的各部门、各环节得以协作和合作，从而提升企业的核心竞争力，使企业价值增值最大化。綦好东、杨志强（2004）对价值链会计的目标进行了更进一步诠释，他们指出，价值链会计的目的是：价值链会计区别于传统会计的最大特点就是实时控制，能够优化和协调企业价值链，提供更具价值的动态信息，最终使企业价值增值最大化。

从价值链会计的问题域角度出发的研究成果也较丰富。于富生等（2005）对价值链会计的基本职能做出了更为全面的定义。尹美群、胡国柳（2004）也对价值链会计与价值链管理的关系进行了深入探讨。蔡军（2005）提出了会计主体假设的概念范畴应扩大，主要有主体的范围可以不局限于是否存在实体；持续经营与会计分期假设可以不再存在；货币计量假设扩展为价值计量等建立价值链会计假设的思路。王淑君等（2008）结合国内外学者的研究成果，将阎达五教授提出的价值链会计分为优化不同价值增值活动之间的关系并提供会计信息的价值链会计和为企业制定及时、准确的战略决策并提供有关外部价值链的价值链会计，这使价值链的研究框架更加系统、完善。谭艳艳（2010）依据价值链管理理论，重新设计会计信息系统，从"作业"的角度出发搜集、处理与价值链管理有关的原始数据，提出可根据信息使用者的需求层级进行信息披露。

综上所述，本书认为从价值链会计的角度出发，可将价值链划分为三大类：第一类为企业内部价值链，即企业在经营过程中为客户创造价值所产生的基础及相关辅助活动；第二类为企业纵向价值链，即由企业供应商、核心企业、客户连接而成的价值链；第三类为企业横向价值链，即在纵向价值链中处于同一位置上的企业形成一种联系。"这种企业之间的联系构成一个产业的内部联系，通过这种内部联系可以决定企业在其产业内部的竞争地位，这类价值链也可称为竞争对手的价值链"（孙茂竹，2002）。价值链管理的根本目的是使企业价值增值最大化，各部门、各环节协同合作更加合理，完善企业风险管理机制，应对瞬息万变的经济环境变化和市场竞争。因此，本书将从企业横向价值链的角度考察价值链的风险溢出及其对投资转移、价值回报的影响。

二　旅游业价值链理论综述

（一）旅游业价值链文献综述

毋庸置疑，旅游业是影响世界最重要的产业之一，许多发展中国家都大力发展旅游业这种无烟经济来带动国民经济的发展。在中国知网中以旅游产业为题名检索文献，有768篇之多，从这一数字可以看出这一主题所受的关注度。随着旅游产业这一概念的深入人心，其内涵和外延也伴着社会经济的发展不断扩充，为了更准确地洞察旅游业当今发展的状况，明确旅游业的经济边界，准确度量旅游业的经济影响，学者们开始从产业链、供应链、价值链等角度研究旅游问题。而旅游业价值链的结构特征决定了价值链节点上分布着不同类型的企业主体，这些企业主体之间的关系就自然成为研究的焦点。从国内外的研究成果来看，对价值链关系的研究主要分为两类，一是对同行业企业间竞争关系的研究，包括酒店餐饮业、运营商、旅游景区之间的竞争；二是协作关系研究，即对处在横向价值链上各个企业间的合作进行研究以达到整合整个旅游行业的目的。普恩（Poon）结合波特的理论，首次提出旅游业价值链的概念，与波特的观点一致，他认为旅游业价值链中的企业价值增值是因旅游企业所发生的基本以及相关辅助活动产生的。戈麦斯和辛克莱（Gomez & Sinclair）对旅游业价值链中包含的关系，如契约关系等进行了研究；拉弗蒂和范福森（Lafferty & van Fossen）则对旅游价值链所包含的企业间协作关系进行了整合。与国外学者的观点相类似，我国学者也认为旅游运营环节是价值链的重要组成部分。但就我国的旅游管理情况而言，作为旅游产品的提供者，旅游景区还是具有差异化的特性，而这一特性在旅游价值链中同样处于重要位置。

1. 旅游业价值链的概念和特点

国内学者王淑湘（2004）、黄继元（2006）、杨路明（2008）这样定义旅游业价值链：旅游业价值链是由旅游产品供应商、旅游企业（中间商）、最终顾客所组成的，旅游产品的一系列传递过程伴随其中。张捷等（2005）依据价值链管理理论，重点研究旅游业价值链的特征，他们认为，旅游业价值链与传统产业价值链最大的区别在于旅游业价值链具有横向性特点。刘蔚（2006）认为旅游业价值链具有稳定性特点。王淑湘、叶长真（2004）比较研究了旅游业价值链与制造业价值链后得出，旅游业价值链具有非物流性特点。

2. 旅游业价值链的构成

马梅（2004）认为可将旅游业价值链分为三个层级：第一类为基本价值链，即由旅游实体与旅游中介两类企业构成的价值链；第二类为可变价值链，即由旅游实体企业构成的价值链；第三类为延伸价值链，是根据旅游产业的广义定义而定的包括金融、商品、保险等与旅游相关的产业在内的价值链。黄蕾（2004）认为"食、住、行、游、购、娱"作为旅游业的六要素是构成旅游业价值链的重要组成部分，但应抓住旅游产业链上的关键节点企业，选择适当的旅游企业的价值区间，从而决定旅游业价值链的构成。

3. 旅游业价值链上旅游企业之间的节点关系

刘人怀和袁国宏（2007）从信任角度对旅游企业价值链上的节点关系进行了研究，他们认为信息技术的发展速度同样对旅游业起到了重要的作用。还有一些学者在互联网环境下对旅游价值链进行了研究，如从市场经济的供给平衡入手，研究互联网环境的变化对旅游渠道的影响等。随着经济的发展和学科的交融，旅游业价值链正被越来越多的学者纳入研究范畴。黄继元（2010）从竞争与合作关系的角度对价值链上的旅游企业进行研究，他指出在商业利益的驱使下，产业价值链是建立在互相尊重和各方利益相互制约条件下的动态平衡体，而这些条件是使这条链不断运转的重要保证。

根据上述研究，可将旅游业价值链定义为：旅游业价值链是由一些满足"食、住、行、游、购、娱"旅游六要素，处于横向价值链上且互为竞争关系的节点企业所组成的并联的合作共同体。本书实证研究部分将旅游上市公司作为研究对象，通过上市公司的市场指标数据和财务指标数据进行大样本研究和案例分析。

（二）我国旅游业发展现状

中国旅游资源丰富，在全世界具有较强的竞争力，旅游产业逐步成为经济社会发展中的朝阳行业，同时也在悄无声息地成为全国多个大省、直辖市的环保绿色产业。近10年来，旅游业一直在飞速发展。

旅游业的发展不仅其行业从业者有切身感受，普通消费者也有目共睹，因此，用"井喷"一词来形容10年来的旅游业发展一点都不为过。2011 年，我国旅游市场实现了平稳较快增长，国内出游人数 26.4 亿人次，比上年增长 13.2%，实现国内旅游收入 1.93 万亿元，增长 23.6%；入境旅游人数 1.35 亿人次，增长 1.2%，实现国际旅游外汇收入 485 亿美元，增长 5.8%，其中过夜旅游者 5758 万人次，增长 3.4%；国内居民出境人数 7025 万人次，增长 22.4%，实现旅游业总收入 2.2 万亿元，增长 20.8%。这一系列数据都说明了我国国内旅游、入境旅游、出境旅游三大市场的全面繁荣。

目前，中国已经成为世界第三大入境旅游接待国和出境旅游消费国，并且形成了全球最大的国内旅游市场，旅游业已经进入大众化、产业化发展的新阶段。以下为近 5 年各旅游大省、直辖市的入境旅游情况。

2007 年，我国旅游业发展势头良好，全年共接待入境游客 13187.33 万人次，实现国际旅游外汇收入 419.19 亿美元，分别比上年增长 5.5% 和 23.5%；其中，全国各省、自治区、直辖市接待的入境旅游者总计为 7311.38 万人次，比上年增长 19.1%。接待量超过 50 万人次的有广东、上海、江苏、浙江、北京、福建、山东、云南、广西、辽宁、四川、内蒙古、黑龙江、湖北、陕西、湖南、安徽、天津、河南、河北、重庆、海南、山西、江西、吉林 25 个省（区、市）。广东省接待入境旅游者 2460.87 万人次，继续居全国第一位。国际旅游（外汇）收入超过 1 亿美元的有广东、上海、北京、江苏、浙江、福建、山东、辽宁、云南、天津、黑龙江、湖南、陕西、广西、内蒙古、四川、湖北、重庆、安徽、河南、河北、海南、山西、江西、吉林、新疆、西藏、贵州 28 个省（区、市）。广东省的旅游（外汇）收入达 87.06 亿美元，继续居全国第一位。按外汇收入多少排列，2007 年旅游大省、直辖市的具体情况如表 2 - 1 所示。

表 2－1　2007 年全国各省市外汇收入情况

序　号	地　区	国际旅游		接待入境	
		（外汇）收入 （万美元）	增长 （%）	旅游人数 （万人次）	增长 （%）
1	广　东	870552	15.6	2460.87	17.8
2	上　海	467297	19.7	520.10	11.9
3	北　京	457962	13.7	435.48	11.6
4	江　苏	346900	24.5	512.55	15.1
5	浙　江	270790	27.0	511.18	19.8
6	福　建	216936	47.5	268.75	17.0
7	山　东	135185	33.3	249.64	29.3
8	辽　宁	122786	31.4	200.09	24.0
9	云　南	85958	30.5	221.90	22.6
10	天　津	77871	24.4	103.23	17.2
11	黑龙江	64270	30.5	141.42	32.9
12	湖　南	64218	27.6	120.57	24.2
13	陕　西	61211	19.8	123.13	16.0
14	广　西	57708	36.4	205.52	20.3
15	内蒙古	54485	34.9	149.45	21.3
16	四　川	51243	29.7	170.87	21.9
17	湖　北	41264	28.9	131.82	24.9
18	重　庆	38231	23.8	76.17	26.3
19	安　徽	34400	51.7	106.43	32.4
20	河　南	31801	16.2	88.09	16.3
21	河　北	30911	27.1	81.76	12.8
22	海　南	30160	31.6	75.31	22.1
23	山　西	22171	35.0	73.79	28.6
24	江　西	19554	40.1	66.47	33.7

序　号	地　区	国际旅游		接待入境	
		（外汇）收入（万美元）	增长（%）	旅游人数（万人次）	增长（%）
25	吉　林	17931	30.6	54.36	25.0
26	新　疆	16190	26.5	43.84	20.9
27	西　藏	13529	122.0	36.54	136.0
28	贵　州	12918	12.2	43.00	33.8
29	甘　肃	7021	11.6	33.12	9.2
30	青　海	1590	20.0	5.00	18.5
31	宁　夏	261	7.5	0.94	8.2

2008 年，我国旅游业连续遭受金融危机、各种突发事件及不利因素的冲击，经受了前所未有的考验。面对严峻的旅游市场形势，全国旅游行业克服困难，总体上保持了平稳发展。全年共接待入境游客 1.30 亿人次，实现国际旅游外汇收入 408.43 亿美元，分别比上年下降 1.4% 和 2.6%；其中，全国各省、自治区、直辖市接待的入境旅游者总计为 7500.75 万人次，比上年增长 2.59%。接待量超过 50 万人次的有广东、江苏、浙江、上海、北京、福建、山东、云南、辽宁、广西、黑龙江、内蒙古、安徽、陕西、天津、湖北、湖南、河南、山西、重庆、江西、河北、海南、四川、吉林 25 个省（区、市）。广东省接待入境旅游者 2567.97 万人次，继续居全国第一位。国际旅游（外汇）收入超过 1 亿美元的有广东、上海、北京、江苏、浙江、福建、辽宁、山东、云南、天津、黑龙江、陕西、湖南、广西、内蒙古、安徽、重庆、湖北、河南、海南、山西、河北、江西、吉林、四川、新疆、贵州 27 个省（区、市）。广东省的旅游（外汇）收入达 91.75 亿美元，继续居全国第一位。按外汇收入多少排列，2008 年旅游大省、直辖市的具体情况如表 2-2 所示。

表 2 - 2　2008 年全国各省市外汇收入情况

序　号	地　区	国际旅游		接待入境	
		（外汇）收入（万美元）	增长（%）	旅游人数（万人次）	增长（%）
1	广　东	917498	5.4	2567.97	4.4
2	上　海	497172	6.4	526.47	1.2
3	北　京	445913	- 2.6	379.04	- 13
4	江　苏	388020	11.9	544.3	6.2
5	浙　江	302408	11.7	539.67	5.6
6	福　建	239353	10.3	293.19	9.1
7	辽　宁	152618	24.3	241.87	20.9
8	山　东	139110	2.9	253.67	1.6
9	云　南	100755	17.2	250.22	12.8
10	天　津	100139	28.6	122.04	18.2
11	黑龙江	86995	35.4	200.61	41.9
12	陕　西	66011	7.8	125.73	2.1
13	湖　南	61742	- 3.9	111.02	- 7.9
14	广　西	60166	4.3	201.02	- 2.2
15	内蒙古	57719	5.9	154.93	3.7
16	安　徽	45445	32.1	132.09	24.1
17	重　庆	44978	17.6	87.19	14.5
18	湖　北	44255	7.2	118.75	- 9.9
19	河　南	37444	17.7	104.36	18.5
20	海　南	31388	4.1	70.65	- 6.2
21	山　西	30065	35.6	93.93	27.3
22	河　北	27395	- 11.4	75.02	- 8.3
23	江　西	25170	28.7	80.21	20.7
24	吉　林	21144	17.9	61.73	13.6
25	四　川	15388	- 70	69.95	- 59.1
26	新　疆	13578	- 16.1	36.32	- 17.2
27	贵　州	11697	- 9.4	39.54	- 8.1
28	西　藏	3112	- 77	6.8	- 81.4
29	甘　肃	1603	- 77.2	8.32	- 74.9
30	青　海	1015	- 36.2	2.99	- 40.3
31	宁　夏	301	15.3	1.16	23.6

　　2009 年是我国旅游业特别是入境旅游经受严峻考验和挑战的一年，全国旅游行业化挑战为机遇，保持了旅游业总体平稳较快增长的态势。

全年共接待入境游客 1.26 亿人次，实现国际旅游（外汇）收入 396.75
亿美元，分别比上年下降 2.7% 和 2.9%；其中，全国各省、自治区、
直辖市接待的入境旅游者总计为 8039.19 万人次，比上年增长 7.2%。
接待量超过 50 万人次的有广东、浙江、江苏、上海、北京、福建、山
东、辽宁、云南、广西、安徽、陕西、黑龙江、天津、湖北、湖南、内
蒙古、河南、山西、重庆、江西、四川、河北、吉林和海南 25 个省
（区、市）。广东省接待入境旅游者 2747.80 万人次，继续居全国第一
位。国际旅游（外汇）收入超过 1 亿美元的有广东、上海、北京、江
苏、浙江、福建、辽宁、山东、天津、云南、陕西、湖南、广西、黑龙
江、安徽、内蒙古、重庆、湖北、河南、山西、河北、江西、四川、海
南、吉林、新疆和贵州 27 个省（区、市）。广东省的旅游（外汇）收
入达 100.28 亿美元，继续居全国第一位。按国际旅游（外汇）收入排
列，2009 年旅游大省、自治区、直辖市的具体情况如表 2 - 3 所示。

表 2 - 3　2009 年全国各省市外汇收入情况

序　号	地　区	国际旅游 （外汇）收入 （亿美元）	增长 （%）	接待入境 旅游人数 （万人次）	增长 （%）
1	广　东	100.28	9.30	2747.80	7.0
2	上　海	47.44	-4.58	533.39	1.3
3	北　京	43.57	-2.30	412.51	8.8
4	江　苏	40.16	3.50	556.83	2.3
5	浙　江	32.24	6.60	570.64	5.7
6	福　建	25.99	8.59	312.03	6.4
7	辽　宁	18.56	21.62	293.20	21.2
8	山　东	17.65	26.90	310.04	22.2
9	天　津	11.83	18.10	141.02	15.6
10	云　南	11.72	16.34	284.49	13.7

续表

序　号	地　区	国际旅游 （外汇）收入 （亿美元）	增长 （%）	接待入境 旅游人数 （万人次）	增长 （%）
11	陕　西	7.71	16.81	145.08	15.4
12	湖　南	6.73	8.95	130.87	17.9
13	广　西	6.43	6.93	209.85	4.4
14	黑龙江	6.39	−26.58	142.51	−29.0
15	安　徽	5.66	24.51	156.16	18.2
16	内蒙古	5.58	−3.27	128.96	−16.8
17	重　庆	5.37	19.44	104.81	20.2
18	湖　北	5.10	15.29	133.46	12.4
19	河　南	4.33	15.65	125.85	20.6
20	山　西	3.78	25.71	106.78	13.7
21	河　北	3.08	12.36	84.22	12.3
22	江　西	2.90	15.12	96.43	20.2
23	四　川	2.89	25.42	84.99	21.5
24	海　南	2.77	−11.86	55.15	−21.9
25	吉　林	2.43	14.90	68.05	10.2
26	新　疆	1.37	0.63	35.49	−2.3
27	贵　州	1.10	−5.58	39.95	1.0
28	西　藏	0.79	152.99	17.49	157.2
29	青　海	0.15	52.00	3.61	20.9
30	甘　肃	0.13	−21.80	6.07	−27.0
31	宁　夏	0.04	47.16	1.45	25.3

2010 年，我国旅游业明显复苏，全年保持较快增长。国内旅游市场平稳较快增长，入境旅游市场实现恢复增长，出境旅游市场继续加速增长。全年共接待入境游客 1.34 亿人次，实现国际旅游（外汇）收入 458.14 亿美元，分别比上年增长 5.8% 和 15.5%；其中，全国各省、自治区、直辖市接待的入境旅游者总计为 9658.98 万人次，比上年增长

20.2%。接待量超过 100 万人次的有广东、上海、浙江、江苏、北京、福建、山东、辽宁、云南、广西、陕西、安徽、湖南、湖北、黑龙江、天津、河南、内蒙古、重庆、山西、江西和四川 22 个省（区、市）。广东省接待入境旅游者 3140.93 万人次，继续居全国第一位。国际旅游（外汇）收入超过 1 亿美元的有广东、上海、北京、江苏、浙江、福建、辽宁、山东、天津、云南、陕西、湖南、广西、黑龙江、湖北、安徽、重庆、内蒙古、河南、山西、四川、河北、江西、海南、吉林、新疆、贵州和西藏 28 个省（区、市）。广东省的旅游（外汇）收入达 123.83 亿美元，继续居全国第一位。按国际旅游（外汇）收入排列，2010 年旅游大省、自治区、直辖市的具体情况如表 2-4 所示。

表 2-4　2010 年全国各省市外汇收入情况

序　号	地　区	国际旅游		接待入境	
		（外汇）收入（万美元）	增长（%）	旅游人数（万人次）	增长（%）
1	广　东	123.83	23.5	3140.93	14.3
2	上　海	63.41	33.7	733.72	37.6
3	北　京	50.45	15.8	490.07	18.8
4	江　苏	47.83	19.1	653.55	17.4
5	浙　江	39.30	21.9	684.71	20.0
6	福　建	29.78	14.6	368.14	18.0
7	辽　宁	22.59	21.7	361.80	23.4
8	山　东	21.52	22.1	366.79	18.3
9	天　津	14.20	20.0	166.07	17.8
10	云　南	13.24	12.9	329.15	15.7
11	陕　西	10.16	31.8	212.17	46.3
12	湖　南	9.06	34.7	189.87	45.1
13	广　西	8.06	25.3	250.24	19.2
14	黑龙江	7.63	19.4	172.42	21.0
15	湖　北	7.51	47.2	181.74	36.2

序　号	地　区	国际旅游		接待入境	
		（外汇）收入（万美元）	增长（%）	旅游人数（万人次）	增长（%）
16	安　徽	7.09	25.3	198.42	27.1
17	重　庆	7.03	30.9	137.02	30.7
18	内蒙古	6.02	7.8	142.80	10.7
19	河　南	4.99	15.2	146.84	16.7
20	山　西	4.65	22.9	130.29	22.0
21	四　川	3.54	22.7	104.93	23.5
22	河　北	3.51	13.9	97.74	16.1
23	江　西	3.46	19.4	113.97	18.2
24	海　南	3.22	16.5	66.33	20.3
25	吉　林	3.05	25.5	82.01	20.5
26	新　疆	1.85	35.7	50.94	43.5
27	贵　州	1.30	17.3	50.01	25.2
28	西　藏	1.04	31.6	22.83	30.5
29	青　海	0.20	32.6	4.67	29.4
30	甘　肃	0.15	18.1	7.02	15.6
31	宁　夏	0.06	35.3	1.80	23.9

2011 年，我国旅游业保持平稳较快发展。国内旅游市场保持较快增长，入境旅游市场实现平稳增长，出境旅游市场继续快速增长。全年共接待入境游客 1.35 亿人次，实现国际旅游（外汇）收入 484.64 亿美元，分别比上年增长 1.2% 和 5.8%；其中，全国各省、自治区、直辖市接待的入境旅游者总计为 10655.23 万人次，比上年增长 10.3%。接待量超过 100 万人次的有广东、浙江、江苏、上海、北京、福建、山东、辽宁、云南、广西、陕西、安徽、湖南、湖北、黑龙江、重庆、河南、四川、山西、内蒙古、江西和河北 22 个省（区、市）。广东省接待入境旅游者 3331.63 万人次，继续居全国第一位。国际旅游（外汇）

收入超过1亿美元的有广东、上海、江苏、浙江、北京、辽宁、山东、云南、黑龙江、陕西、广西、湖北、安徽、内蒙古、福建、重庆、湖南、四川、河南、河北、山西、吉林、天津、海南、新疆、江西、贵州和西藏28个省（区、市）。广东省的旅游（外汇）收入达139.06亿美元，继续居全国第一位。按国际旅游（外汇）收入排列，2011年旅游大省、自治区、直辖市的具体情况如表2-5所示。

表2-5　2011年全国各省市外汇收入情况

序　号	地　区	国际旅游		接待入境	
		（外汇）收入（万美元）	增长（％）	旅游人数（万人次）	增长（％）
1	广　东	139.06	12.3	3331.6	5.2
2	上　海	57.51	-9.3	668.64	-8.9
3	北　京	56.53	18.2	737.33	12.8
4	江　苏	54.16	7.4	520.4	6.2
5	浙　江	45.42	15.6	773.69	13.0
6	福　建	36.34	22	427.42	16.1
7	辽　宁	27.13	20.1	405.33	12.1
8	山　东	25.51	18.4	424.23	15.7
9	天　津	17.56	23.7	73.06	22.0
10	云　南	16.09	21.5	395.38	20.1
11	陕　西	12.95	27.5	270.41	27.4
12	湖　南	11.79	66.3	262.87	32.5
13	广　西	10.52	30.5	302.79	21.0
14	黑龙江	10.14	11.9	227.63	19.9
15	湖　北	9.68	37.7	186.4	36.0
16	安　徽	9.4	25.2	213.52	17.5
17	重　庆	9.18	20.3	206.52	19.8
18	内蒙古	6.71	11.5	151.52	6.1
19	河　南	5.94	67.7	163.97	55.9
20	山　西	5.67	22.1	155.32	19.2
21	四　川	5.49	10.1	168.29	14.6

序　号	地　区	国际旅游		接待入境	
		（外汇）收入（万美元）	增长（%）	旅游人数（万人次）	增长（%）
22	河　北	4.65	150.9	56.37	10.7
23	江　西	4.48	27.6	114.14	16.8
24	海　南	4.15	19.9	135.83	19.2
25	吉　林	3.85	26.4	99.32	21.1
26	新　疆	3.76	16.7	81.43	22.8
27	贵　州	1.35	4.2	58.51	17.0
28	西　藏	1.3	25.1	27.08	18.6
29	青　海	0.27	30	5.17	10.6
30	甘　肃	0.17	17.4	9.11	29.8
31	宁　夏	0.06	3.4	1.95	8.3

（三）我国旅游上市公司概况

根据国家旅游局发布的《2009 年中国旅游业统计公报》，到 2009 年年末，全国星级饭店共 14237 家、旅行社 20399 家，旅游景点数量更多。而相较于多如繁星的一般旅游企业，旅游上市公司的数量可谓是凤毛麟角。我国旅游企业进入资本市场开始于 1993 年，1993 年 6 月 7 日，上海新锦江大酒店股份有限公司于上海证券交易所上市交易，成为国内第一家旅游上市公司。经过近 20 年的发展，截至 2012 年 12 月，我国旅游上市公司共计 35 家，其中沪深两市上市 32 家，国外上市 3 家。32 家旅游公司中，4 家 A、B 股均已上市，其中锦江股份（600754）有两只股票在 B 股上市，共计 37 只股票，加上国外上市的 3 只股票，我国旅游类股票共计 40 只，虽然在沪深两市 2470 家企业中显得十分少，但是旅游企业已经可以作为股市中独立的板块为人们所认知和研究。从上市公司的首发日期来看，大部分旅游类股票都集中在 1996～2000 年上市，其间上市股票达到 18 只，占所有旅游类上市企业的 45%。而 1996 年和 1997 年是旅游公司上市的高峰期，无论从上市股票的绝对数还是同期增长率来看，均处于历年前列水平，其间有 13 家公司上市，上市股票 15 只。2000 年以后，旅游类企业渐渐减缓了上市步伐，不仅上市企业数量的增长率大幅下降，绝对量增加得也很少，2000～2011 年，共有 9 家旅游类企业上市，其中，携程旅行网、中国如家快捷酒店管理公司和七天连锁酒店集团在美国上市。

由于部分上市公司进行多元化经营且其主业并不突出，也由于这些企业存在主营业务转变等情况，关于旅游类上市公司包括哪些公司或者这些公司是如何归类的，并没有公认的、明确的界定，旅游上市公司的具体数量在同一时期的不同文献中更是从二十几家到三十几家不等。我们在前人研究的基础上对各个公司近几年的主营业务进行了研究，并对旅游板块上市公司进行了汇总和归类。我们认为截至 2012 年 12 月，在我国沪深 A 股和创业板上市的旅游企业共 32 家。从上市地来看，这 32 家旅游上市公司中在沪市上市的公司有 11 家，在深市主板上市的公司有 19 家，在深市创业板上市的公司有 2 家。从公司所在地来看，旅游上市公司的区域分布整体上比较零散，全国各区域均有旅游上市公司，其中以华南地区和华东地区居多，各占所有旅游上市公司的 21.4%；东北地区和西北地区旅游上市公司相对较少，分别有 2 家，各占旅游上市公司的 6.25%。从全国各省市的情况来看，14 个省、自治区、直辖市均有旅游上市公司，其中以北京最多，有 7 家；其他 13 个省市分布相对均匀，均为 1～2 家。

2009～2011 年，旅游上市公司的资产规模呈现不断上升的趋势。

2009 年上述 32 家旅游上市公司的总资产达到 755.39 亿元，到了 2011年，总资产规模增长了 63%，达到 1233.73 亿元。可见，旅游上市公司的资产扩张速度还是不容小觑的。与此同时，旅游上市公司的营业收入也以相似的速度增长，2011 年，这 32 家旅游上市公司的营业收入达到575.18 亿元，比 2009 年增长 65%。

（四）我国旅游上市公司类型

我国证监会（CSRC）以《国民经济行业分类与代码》为主要依据，借鉴联合国国际标准产业分类（ISIC）、美国标准行业分类（ASIC）及北美产业分类体系（NAICS）的有关内容，于 2001 年 4 月颁布了《中国上市公司分类指引》（以下简称《指引》），将旅游上市公司定义为：通过证券市场融资，且其主营业务涉及宾馆餐饮、旅游接待、资源开发、景区经营管理、旅游基础建设、旅游运输、旅行社业务的上市公司。根据《指引》的分类原则和方法，当公司某类业务的营业收入比重大于或等于 50% 时，便将其划入该业务相对应的行业类别；当公司没有一类业务的营业收入比重大于或等于 50% 时，如果某类业务营业收入比重比其他业务收入比重均高 30%，则将该公司划入此类业务相对应的行业类别，否则将其划为综合类。《指引》中旅游业隶属于 K 社会服务业或 M 综合类，其中，与旅游相关的 K 类的子类别包括 K30 餐饮业、K32 旅馆业、K34 旅游业。

国内学术界对旅游上市公司的分类与证监会不尽相同，并且学者们对于分类标准也各有不同的看法。根据各公司主营业务的不同，有的学者将旅游上市公司分为景区资源类、酒店类和综合类三大类，如赵娜（2010）、翁钢民（2010）、张金山（2010）、胡孝平（2010）、许海东等

（2010）。也有学者将其分为酒店类、旅行社类、餐饮类、景区资源类，如程露悬等（2010）。

　　由于旅游上市公司的经营范围基本围绕饭店业、旅行社业和景点娱乐业及与旅游业密切相关的旅游商品开发等，为了便于研究和理解，我们认为将旅游上市公司分为景区资源类、酒店类和综合类这三大类更为合理。景区资源类公司以景区管理为主营业务，收入的主要来源是门票、景区交通及住宿、餐饮、客运等；酒店类旅游上市公司以酒店经营管理为主营业务，其收入主要来自住宿、餐饮、会议、娱乐及其他附带业务；综合类旅游上市公司主营业务涉及旅游业，但公司的业务构成更加多元化，经营范围除与旅游业直接相关的领域外，还涉及会展服务、房地产开发等与旅游业相关性不大的业务。这也就是说，将上交所和深交所中的旅馆业、餐饮业称为酒店类，而将其旅游业具体分为景区资源类和综合类。目前，我国景区资源类旅游上市公司和酒店类旅游上市公司数量相对较多，综合类旅游上市公司相对较少。截至 2012 年 12 月，在我国沪深 A 股和创业板上市的旅游企业共 32 家，其中景区资源类旅游上市公司共 12 家，约占旅游上市公司总数的 37.5%，分别是北京旅游、华侨城 A、大连圣亚、峨眉山 A、桂林旅游、黄山旅游、丽江旅游、九龙山、张家界、宋城股份、云南旅游、西藏旅游；酒店类旅游上市公司有 12 家，约占总数的 37.5%，分别是新都酒店、华天酒店、东方宾馆、西安饮食、锦江股份、金陵饭店、ST 东海 A、首旅股份、零七股份、湘鄂情、科学城、全聚德；综合类旅游上市股票共 8 家，占总数的 25%，分别是西安旅游、中青旅、国旅联合、三特索道、世纪游轮、腾邦国际、曲江文旅以及中国国旅。具体分类如表 2 - 6 所示。

表 2 - 6　我国旅游上市公司分类

类别	股票代码	公司名	类别	股票代码	公司名	类别	股票代码	公司名
景区资源类	600054	黄山旅游	酒店类	600754	锦江股份	综合类	600138	中青旅
	600555	九龙山		601007	金陵饭店		600358	国旅联合
	600593	大连圣亚		600258	首旅股份		600706	曲江文旅
	600749	西藏旅游		002306	湘鄂情		601888	中国国旅
	000802	北京旅游		000721	西安饮食		002159	三特索道
	000888	峨眉山 A		000975	科学城		002558	世纪游轮
	000978	桂林旅游		000007	零七股份		000610	西安旅游
	002033	丽江旅游		000033	新都酒店		300178	腾邦国际
	002059	云南旅游		000428	华天酒店			
	000069	华侨城 A		000524	东方宾馆			
	000430	张家界		000613	ST 东海 A			
	300144	宋城股份		002186	全聚德			

三　风险溢出的理论综述

（一）风险溢出的理论综述

在经济全球化和科技飞速发展的大背景下，各国金融市场的联动关系越来越紧密。因此，不同金融市场间的风险溢出效应一直是金融研究领域的热点问题，国内外专家学者针对这方面的研究成果比较丰富。从建模方法的角度来看，可以将相关研究文献分为三大类：一是建立 GARCH、SV 模型检验金融数据方差的波动性从而进行风险溢出研究；二是以市场相关性为视角建立模型，利用相关系数的变化程度来检验金融市场的风险溢出效应；三是建立 Logit、Probit 模型，进行金融危机

"风险传染"的研究。

　　有关股票市场的风险溢出效应，国外学者主要以建立 GARCH 模型的方式进行研究。Eun 和 Shim（1989）最先运用 GARCH 模型研究股市的风险溢出效应，他们认为信息是从美国市场向其他外国市场进行传递的，但其他任何一个市场都不足以对美国市场的信息传递起解释作用。Hamao、Massulis 和 Ng（1990）通过建立单变量 GARCH 模型对美、日、英三国股市之间的风险溢出效应进行了实证研究，研究结果表明，纽约市场到东京市场、纽约市场到伦敦市场、伦敦市场到东京市场均存在单向的风险溢出效应，并且美国在信息传递机制中起主导作用。Lin、Engle 和 Ito（1994）通过建立 GARCH 模型，检验出在 1987 年的金融危机中纽约市场对东京市场具有明显的单向风险溢出效应，而在其他时期内没有风险溢出发生。Theodossiou 等（1997）也通过建立 GARCH 模型来研究美、日、英三国股票市场 10 年内的周股票收益率的随机特性，此项实证研究发现这三个国家股票市场之间存在着显著的联动性，最显著的溢出效应体现在美国市场对英国市场以及日本市场对英国市场上。Huang 等（2000）选取美国、日本、中国香港和中国台湾四个股票市场的日收益率数据，实证研究后发现美国股市对日本股市、中国香港股市、中国台湾股市均具有风险溢出效应，对日本股市的风险溢出效应较弱。Gerard L. Gannon（2002）运用广义自相关条件异方差模型对美国股市综指、期指以及澳大利亚股市综指、期指之间的风险溢出效应问题进行了实证研究。Sang-Moon Hahm（2003）运用 GARCH 模型对韩国股市与美国股市之间的风险溢出效应问题进行了研究。

　　10 多年来，国内学者也研究风险溢出效应，并且取得了一些成果。刘金全、崔畅（2002）运用 Hamao 等人建立的单变量 GARCH 模型对上海、深圳股市间的风险溢出效应进行了实证研究，他们认为只有沪市到深市存在着风险溢出效应。赵留彦、王一鸣（2003）运用向量 GARCH 模型研究国内 A 股与 B 股两市之间的溢出效应，实证结果表明，仅存在 A 股向 B 股的单向波动溢出效应。洪永淼、成思危、刘艳辉等（2004）运用风险 – Granger 因果关系方法以及 GARCH 模型进行实证研究，结果表明：中国的 A 股与 B 股市场、B 股与 H 股市场之间存在着显著的风险溢出效应，而 A 股与 H 股市场之间也存在这种效应；进一步研究得出，中国的 B 股市场，尤其是 H 股市场，与世界其他股票市场之间存在着强烈的风险溢出效应；而中国的 A 股市场与世界其他国家股市之间存在风险溢出效应的仅有韩国和新加坡。汪素南、潘云鹤（2004）利用小波多分辨分析法探究不同地区股市（美国、中国香港、上海）的风险溢出效应，结果表明，美国股票市场对中国香港股票市场存在着显著的风险溢出效应，而对上海股票市场则不存在，进一步研究指出，全球各股票市场绝大部分对我国上海股票市场不存在明显的风险溢出效应。张碧琼（2005）通过建立 EGARCH 模型来检验世界各个股票市场（纽约、伦敦、东京、中国香港、上海、深圳）间日收益率数据波动溢出效应的流星雨假定，研究结果表明，上海、深圳和中国香港市场相互之间均存在着强烈的波动溢出效应，而其他市场中只有纽约、伦敦对上海和深圳市场存在显著的溢出效应。谷耀、陆丽娜（2006）首次将 DCC – （BV）EGAECH – VAR 模型引入股票市场风险溢出效应研究领域，并实证研究了沪、深、港三地股票市场的收益与风险溢出效应以及两者间的动态相关性，将收益和风险波动变量分解为"本地因素""区域因素""世界因素"三种变量，研究结果表明，香港股票市场无论在收益还是在风险波动上都对沪、深两地股票市场存在着显著的风险溢出效应，而内地股票市场对香港股票市场并没有产生明显的风险溢出效应，而沪市在收益信息与风险波动信息方面相对领先于深市。方毅、张屹山（2007）实证研究了国内外金融期货市场之间的"风险传染"，首次提出了风险溢出项，研究指出，国内外金融期货市场及价格变动对宏观经济因素的作用具有非对称性，而从金属期货"风险传染"的内因来看，纯粹因素才是风险溢出的主要内因。张瑞峰（2007）主要针对多个金融市场对一个金融市场的共同波动溢出效应问题进行了研究，通过建立 GARCH 模型并使用主成分分析方法进行了实证分析。杨毅（2007）着重研究我国与美国股市之间是否存在风险溢出效应，通过建立向量 BEKK - GARCH 模型，同时运用 Granger 因果分析法进行实证研究，研究认为，我国与美国股票市场之间存在风险溢出效应，说明其已受共同信息的影响。蒋翠侠、张世英（2009）指出，早期的金融风险溢出效应研究仅考虑前二阶矩，而他们着重研究高阶矩的风险溢出效应，并实证研究了亚洲一些国家和地区的金融风险溢出效应。吴奉刚、王芙蓉（2009）通过建立多元 GARCH 模型对我国上海黄金市场、伦敦黄金市场之间的"风险传染"进行了研究，实证结果表明，无论是从均值溢出效应还是波动溢出效应来看，伦敦黄金市场都对我国上海黄金市场存在着风险溢出效应的非对称性。王鹰翔、张鲁欣（2011）建立向量 GARCH 模型对上海 A 股市场、香港市场和美国市场的风险溢出效应进行了实证研究，结果表明，上海 A 股市场与美国市场之间存在双向的风险溢出效应。张良贵、石柱鲜（2011）研究发现我国股票市场中各行业之间存在着广泛而显著的风险溢出效应。陈志强、蔺思远（2012）通过面板 GO - EGARCH 模型研究了上海、中国台湾以及中国香港三个股票市场与东南亚一些重要股票市场间的风险溢出效应，实证结果表明，中国香港是三个股票市场中最主要的信息输出源，而东南亚股票市场中对三地股票市场影响最大的是新加坡股票市场。刘晓云、应瑞瑶、王陆（2013）主要研究了欧债危机对不同国家和地区的风险溢出效应，结果表明，欧债危机不仅对危机源附近国家和发达国家的市场有显著影响，而且对发展中国家市场例如中国、印度也存在着显著影响。

综合以上文献可以得知，国内外学者有关风险溢出效应的研究成果颇丰，但大多是关于各国金融市场间的溢出效应的研究，尤其是股票市场，而以价值链为视角研究多个价值链之间的风险溢出效应的还几乎没有。在参考上述文献的基础上，本书利用广义自回归条件异方差（GARCH）模型来研究多个价值链（以旅游业价值链为主）间的风险溢出效应，为价值链风险管理研究提供一定的建议和参考。

（二）风险溢出对投资转移影响的理论综述

本部分基于概率模型和极值理论，运用 Logit 模型衡量价值风险溢出对投资转移的影响，讨论在中国股票市场内高市值与低市值股票之间的风险传染和投资转移行为及其相互关系。在同一市场中，资产的风险特征差别较大，随着整个市场风险的变化，往往会发生投资转移现象，即因整个市场或部分市场风险发生变化而导致投资者将投资从一些资产转移到另一些资产。在资本市场上，投资转移主要包括两种："安全性转移"和"流动性转移"，前者是投资者基于资产质量的投资组合调整，将投资由高风险资产转移到低风险资产，后者是投资者基于资产流动性的组合调整，将投资由流动性差的资产转移到流动性好的资产。

目前，学术界主要是进行市场间投资转移和市场内投资转移研究。

其中，市场间投资转移的研究成果相对较多，如 Bansal（2007）、Beber（2009）、罗明华（2011）等。研究者在分析了股票和国债市场的特征后认为，在不同的市场状态下，根据资金流动的方向，投资转移可分为正向投资转移和反向投资转移，正向投资转移指当股票市场风险增加或流动性变差时，投资者将资产转移到风险更小或流动性更好的国债市场，反向投资转移则指当股票市场收益率增加时，投资者将投资从风险低、流动性好的国债市场转移到风险高、流动性差的股票市场。根据Connolly 等（2005，2007）、Underwood（2012）等对跨市场投资转移的分析，从国债市场到股票市场的投资转移，将使国债的市场收益率下降，股票的市场收益率上升。国债与股票市场的收益率之间存在显著的负相关关系。Baur、Lucey（2009）和傅建源（2013）还对美国及欧洲一些国家国债市场和股票市场的相关系数进行了研究，发现这些国家国债和股票市场之间存在显著的投资转移行为，同时随着市场风险的不断变化，同一市场内同样存在投资转移行为，这拓展了学者的研究领域，包括对同一市场内不同股票间投资转移行为的研究。

Amihud（1990）等发现，由于投资者经历了 1987 年 10 月 19 日美国股市危机，因害怕再次出现类似的流动性危机，数日内将原有的投资从流动性差的股票转移到了流动性好的股票，这导致流动性差的股票收益率下降，相反流动性好的股票收益率上升。类比可得，若中国股票市场内发生从低市值到高市值股票的投资转移，低市值股票收益率将下降，从而增加大跌的概率，同时，也会引起高市值股票收益率上升，增加其大涨的概率；反之，若市场内出现反方向的投资转移，则将使低市值股票收益率上升、增加大涨的概率，高市值股票收益率下降、增加大跌的概率。靳飞（2011）在探究投资转移时尝试利用市场 β、价差、市值、价格冲击系数、账面市值比等指数对存在不同风险补偿特征的股票进行分类，比较分析不同类别股票流动性引致的投资行为；又进一步研究了同一市场间股票存在的流动性和风险性差异造成的股票市场内部不同股票之间的投资转移行为。

对不同市场之间投资转移的研究，具有较大的价值。Longstaff（2004）从影响收益率变化的因素的角度，分析两个市场之间流动性的差异（不同的市场流动性的好坏）对两个市场之间收益率的影响，实证检验了两个市场之间的"流动性转移"行为。他通过比较零息票国债和零息票（Resolution Funding Corporation，REFCORP）债券的价格检验了美国国债价格中是否存在流动性转移溢价（flight – to – liquidity premia）。就其性质而言，REFCORP 债券有效地被美国国债保护，与国债拥有相近的违约风险。因而，从理论上来说，REFCORP 债券与国债应有一样的信用风险。然而国债流动性更强，也更加受投资者的欢迎，因而，将国债与 REFCORP 债券价格进行对比，能够检验国债的价格是否存在流动性转移溢价。研究结果表明，在研究期间，国债价格时常存在很大的流动性溢价，有些情况下甚至可以达到国债价值的 10% ~ 15%，他的分析结果表明流动性转移溢价与多种市场因素有关（比如消费者信心、债券回购数量、流入资本和货币市场共同基金）。这与收益率的不同反映了投资者愿意支付国债流动性溢价的观点相一致。

对同一市场内出现的投资转移现象进行研究的主要有 Vayaos 等。Vayaos（2004）提出了随时间变化的流动性溢价理论，并探讨了其对资产定价的影响。理论模型假定为，基金管理人是投资者，基金的表现决定基金是否会被赎回。当业绩低于外生门槛的可能性提高时，赎回的可能性加大，这将使管理者改变持有流动性资产的意愿，并会提高流动性溢价。与此同时，他考量了一个以长期业绩为衡量基础的清算标准，在此条件下，以往业绩是一个状态变量。例如，当以往业绩不好时，管理人员会更加关注清算同时更偏好流动性资产。因而，随着市场的下跌，流动性溢价相应增长，这个结论同样也适用于资产相关性，以及流动性资产。他认为，受市场内股票之间"流动性转移"行为的影响，流动性差的股票要求的市场风险补偿更高，流动性同时表现出了直接和间接的补偿作用，而受市场内"安全性转移"的影响，那些安全性差的资产，"企业"波动率要求的风险补偿更高。

Brunnermeier 和 Pedersen（2009）提出了一个连接资本市场流动性和交易者融资流动性的模型。交易者影响了市场流动性，但取决于他们的融资能力。同时，他们的融资能力也取决于资本的市场流动性。他们的模型解释了流动性突然衰竭的因由，他们认为融资条件的改变影响了投资者的市场流动性供给，市场流动性和脆弱性一同移动；由于交易波动性较大的资产需要更高的边际支付，市场流动性和波动率相互关联；但当融资变得困难时，投资者会削减市场流动性供给，因此"安全性转移"对之有重大的影响。除此之外，他们还做了一系列特殊的可检验预测，如投资者的资本是市场流动性和风险溢价的驱动力等。这些预测引起了相关学者对边际的进一步研究。特别的是，他们的模型与证券市场的流动性不足、边际需求的风险溢价以及融资的影子成本均有关。

黄峰和杨朝军（2007）选取了中国股票市场的数据，应用流动性风险调整的资产定价模型，探讨了我国股票市场内流动性风险溢价的相关问题。流动性风险调整的资产定价模型将流动性的影响分成三大部分：个股流动性与市场流动性的 β，个股收益率与市场流动性的 β 以及个股流动性与市场收益率的 β。研究发现，流动性风险与单纯的市场价格风险对中国股票定价起着重要的作用，在评价股票风险及风险溢价时应该考量流动性风险。尤其是那些流动性较差的股票，要求的市场风险补偿也更高，存在市场内"流动性转移"的可能。谭地军等（2008）研究了中国国债市场的流动性补偿及其与企业债券市场流动性的关系，研究结果发现，中国国债市场内部流动性不同的债券之间存在"流动性转移"行为。与此同时，他们还揭示，在控制了各自市场的利率风险及信用风险因素后，国债和企业债两个市场之间，以及两个市场中流动性不同的债券之间跨市场的"流动性转移"行为不显著。谭地军和田益祥（2009）探讨了中国国债和企业债市场上流动性对各自市场收益率的短期影响，以及两个市场之间流动性对收益率的跨市场影响，并对流动性跨市场影响的原因和机制进行了检验。研究结果发现，企业债市场流动性显著影响国债市场收益率，企业债市场价格冲击系数和国债市场收益率负相关，主要原因在于共同因素，而不是"流动性转移"。

靳飞、田益祥、谭地军（2009）讨论了在同一个市场内——中国上市公司股票市场，高市值与低市值股票之间的风险传染和投资转移现象。实证研究发现，当市场订单流上升、流动性变好时，在市场共同因素的作用下高市值股票和低市值股票收益率同时大涨的概率显著增加；在控制了市场共同因素的影响后，当市场订单流增加时，高市值股票大跌而低市值股票大涨的概率显著增加，而当市场流动性变差时，低市值股票大跌而高市值股票大涨的概率显著增加。共同因素是中国股票市场上高市值与低市值股票之间风险传染的主要原因，控制共同因素的影响后，两类股票之间也存在投资转移行为。

靳飞（2010）分析了中国股票市场上市值不同的股票之间订单流、流动性和收益率的相互关系，并讨论了市场内不同股票之间的投资转移行为。研究结果表明，当低市值股票订单流上升时，未来高市值股票流动性和收益率下降，并且结果显著。市值不同的股票之间流动性和收益率也表现出双向、负向的领先滞后关系，结果同样显著；银行间拆借利率、人民币汇率等影响货币流动性的因素对市场微观流动性、订单流和收益率有显著的影响，但对市值不同的股票有不同的影响。同时，靳飞还探讨了中国股票市场中不同股票之间的"安全性转移"和"流动性转移"行为，以及两种行为与股票特征的关系。

本书主要基于 Vayaos（2004）及 Brunnermeier 和 Pedersen（2009）的理论，在研究同一市场不同股票间的投资转移现象时，与分析高、低市值股票间风险传染现象类似，将股票按市值大小分类，将由低市值到高市值股票间的投资转移行为定义为正向投资转移，将由高市值到低市值股票间的投资转移行为定义为反向投资转移。据此，我们通过定义中国股票市场上的大涨和大跌事件，分析市场条件或市场状态对不同市值股票发生大涨或大跌的概率的影响，从而对同一市场内不同股票的投资转移进行划分。本书利用前文 GARCH 模型对风险波动进行估计研究，建立多项式 Logit 模型，讨论价值链风险溢出对中国股票市场内高市值股票与低市值股票之间正向和反向的投资转移的影响。

（三） 风险溢出对价值回报影响的理论综述

目前，国内外有很多对价值链风险溢出影响的经典研究，Bae 和 Karolyi 等（2003）在研究亚洲及南美洲各个国家股票市场之间的风险传染问题时，基于风险传染与极端股票回报率有密切关系的前提假设，定义两个地区国家股票市场同时发生大涨或大跌为风险传染事件。在定义大涨与大跌时，Bae 等认为，若某日的收益率高于该市场样本区间内所有日收益率数据的 95% 分位数，则为大涨日，若低于所有日收益率数据的 5% 分位数，则为大跌日，但文中并没有解释选取 5% 而非 10%、20% 或 30% 的原因。Bae 等在分析了汇率、股市波动率、本地利率对各个国家股票回报率的影响后，也研究了单个国家或地区的股票市场波动率对其他国家出现相同波动的影响概率（风险传染的概率）。Bae 等（2003）通过实证发现，亚洲国家的汇率、股市波动率、利率及南美洲国家的股市波动率均对国家之间风险传染概率有显著影响，研究结果具有广泛的适用性。国内学者关于股票市场、外汇市场、货币市场、债券市场等金融市场之间的风险溢出的研究较多，从各方面证明了市场之间有显著的风险溢出效应。邓燊和杨朝军（2008）、舒家先和谢远涛等先后证实了股票与外汇市场的协整关系；王璐和庞皓（2009）发现股票和债券市场之间存在双向的波动溢出；靳飞、田益祥、谭地军（2009）在研究中国股票市场内的风险传染与投资转移时，同样应用了 Logit 模型，并将 Bae 的研究中国化，同时，重新定义了股票市场的大跌或大涨范围，取 30% 分位数，并证明 20% 或 40% 的分位数对结论没有实质性影响，靳飞等通过实证研究发现，中国股票市场的大涨或大跌主要受到 $t-1$ 期的股票收益率、订单流、流动性的影响；Underwood（2004）发现美国股票和债券市场的订单流 $lnOF$ 对其他市场的回报率存在显著影响。另外，这种订单流与价值回报之间关系的方向和宽度会随着时间的变化而变化，而且与股票市场的不确定性相关；Connolly, R., Stivers, C. 和 Sun, L.（2007）通过研究发现，国家与国家之间的股票市场回报率之间的协同波动率与隐性波动率存在明显的关系，当隐性波动率越大（绝对值）时，各国之间的股票市场收益率的波动性呈现很强的正相关性；Acharya, V. 及 Pedersen, L.（2005）在总结前人研究的基础上，证明了流动性与价值回报的显著关系，并认为可通过流动性预测未来收益率的变动。

以上的研究大多数是有关同一国家不同市场之间以及不同国家市场之间的收益与波动溢出效应的，除张良贵和石柱鲜（2011）的研究外，进行同一市场中不同行业之间的研究的学者较少。虽然行业间的研究过少，但是我们仍可借鉴市场间、国家间风险波动溢出中关于风险与价值回报关系的研究方法，并将其应用到同一市场不同行业之间的研究中。

此外，在模型选取上，Logit 以其在风险识别和动态预警、企业财务困境预测中的作用而得到广泛使用，郭立甫、黄强和高铁梅（2013）使用 Logit 模型预警外汇风险，卢永艳（2013）应用 Logit 模型预测宏观经济因素对企业财务困境风险的影响，由此可见，Logit 模型在风险与价值回报方面有着很好的适用性。在变量选取方面，我们在借鉴 Lee 和 Ready（1991）对订单流 $\ln OF$ 定义的基础上进行了形式上的变化，通过对比 Amihud（2002）和苏冬蔚、麦元勋（2004）对流动性的定义，以后者作为本书数据的选取方法。

第三章　价值链风险溢出的因素研究：
以旅游业价值链为例

一　研究理论

中国经济的快速发展使许多国外企业积极与中国企业共同搭建价值链。首先，中国巨大的市场资源客观上吸引了一大批外资企业进军中国，为中国企业与国外优秀的公司形成长期而稳定的价值链联盟奠定了良好的基础。其次，中国信息产业的迅猛发展为企业的价值链管理提供了强有力的技术支持，中国一批企业，例如华为、实达、联想等已经实现了群体性的崛起。最后，中国本土的配送业、仓储业等已崭露头角，它们将成为价值链的下游企业，并将创造巨大的价值。在经济全球化以及网络经济的复杂动态环境下，孤军奋战的企业难以进入良性的持续经营循环，难以形成独特的核心竞争力，难以有效地满足和响应客户的需求。价值链从其概念的提出到现在概念内涵不断地更新，让更多的学者意识到价值链理论的研究价值，并将价值链理论与管理会计结合在一起应用。

（一）价值链研究理论

纵观历史，马克思提出的价值是指在物质交换过程中形成的人与人之间的社会关系，本质上属于劳动价值论；西方学者认为的价值是指人与客观存在的物的关系，本质上属于效用论。人们从未停止对价值的探求，这也充分显示了价值在经济活动中的重要地位。会计理论与方法在每次重大变革中起着推波助澜的作用，但随着经济的快速发展，利用会计记录交易和控制已很难满足人们观察引导现有经济动态的需求。于是便有了以价值管理为载体，借助信息技术平台，运用会计理论与方法实现企业价值增值最大化的"会计管理"。

为了更好地细化价值的会计管理，美国学者波特（Michael Porter, 1985）首先提出了价值链的概念。他将价值活动分为基本活动和辅助活动，再将以上两项活动依次细分为内部物流、生产作业、外部物流、市场销售、服务五种类型和采购、技术开发、人力资源管理、企业基础设施四种类型，使价值链条贯穿价值活动的每一个环节，最后将它作为分析竞争优势的基本工具。这一概念的提出引起了众多教授和学者的研究和思考，John Shank 和 V. Gowindarajan 对价值链进行延伸；Jeffery F. Rayport 和 John J. Sviokla 又将传统的价值链分成实体价值链和虚拟价值链两部分，使信息作为价值增值的来源，提出"虚拟价值链"的概念。

（二）价值链风险溢出影响因素的研究理论

根据金融学原理，不同市场在传递市场信息并进行资源配置的同时，市场主体也可能依据其中一个市场的价格信息对其他市场的价格信息进行预测，从而使这些市场之间的价格信息具有相似的波动特征，这样，不同的金融市场之间就会存在相互影响或者说是风险传递，形成所谓的"风险溢出"。

目前，学术界主要从资产价格的协同作用的角度研究风险溢出，这种协同作用可能存在于不同类型或不同地域的市场之间，尤其是股票市场、债券市场、外汇市场等，而从价值链的角度研究风险溢出的较少。结合行业价值链的特点，本书认为可以从基本面因素和纯粹因素两个方面来进行价值链的"风险溢出"的因素研究。

第一，有关基本面因素的相关研究表明，多个市场之间通过相同基本面因素从而相互联系，且均受到这些基本面因素的影响。当基本面因素发生变动时，相关的市场均产生变动；其中，某一市场发生变动的同时也会对这些基本面因素产生影响，从而导致相关的其他市场产生协同变化。国外学者 Reinhhart（1996）、Soydemir（2000）、Barsky（1989）通过研究股票市场之间的风险传导机制，发现宏观基本面因素是整个经济环境变化的决定力量。本书根据价值链的特点，主要研究市场环境、宏观经济冲击、共同资金约束等基本面因素对价值链风险溢出的影响。

第二，纯粹因素的相关研究表明，即便影响这些市场的基本面因素没有发生变动，这些市场也会发生协同变动，而引起这种变动的因素即为纯粹因素。本书从行业价值链的角度研究当基本面因素未发生变化时，引起行业价值链产生协同变化的纯粹因素，选取旅游业价值链的风险控制能力、风险属性、节点企业规模等纯粹因素作为研究对象。

二 研究对象

本章从基本面因素（市场环境、宏观经济冲击以及共同资金约束），以及纯粹因素（价值链的风险控制能力、风险属性、节点企业规模）两个方面对价值链风险溢出进行分析。当基本面因素没有发生变动时，价值链也会发生变动，引起这种变动的因素即为纯粹因素，实证研究则以我国旅游业价值链为例。

（一）基本面因素

从宏观的角度来看，一个国家的市场竞争环境、宏观经济冲击、宏观经济政策以及金融监管等因素在很大程度上决定着价值链风险溢出的大小。其中，市场环境、宏观经济冲击以及共同资金约束等是影响价值链风险溢出的主要因素。下面主要分析基本面因素中的市场环境、宏观经济冲击以及共同资金约束对我国各行业尤其是旅游业风险溢出的影响。

1. 市场环境

市场环境是指企业经营活动所处的社会经济环境中的不可控制因素，主要有政治法律、经济技术、社会文化、自然地理和竞争等。

企业的市场竞争环境，指的是企业所在行业及其竞争者的参与及竞争程度，它代表企业的市场成本及进入壁垒的高低。

中国的市场相对于其他国家来说有以下特点：前景大、商机多；经济发展快，政策变化快，法规更新快；市场秩序不规范，假冒伪劣侵权现象时有发生；受短期利益驱动，经济目光短浅；市场竞争激烈；存在区域差异、体制差异、行业差异、营销水平差异等。

市场环境的变化，既可以给企业带来机会，也可能对企业构成某种威胁，进而在企业开展经营活动时导致风险波动。因此，对市场环境的调查，是企业进行经营的前提。在市场经济体制下，旅游企业制定发展策略，必须考虑到瞬息万变的市场环境，准确分析与把握市场环境的变化，从而为调整价值链、取得更好的业绩奠定基础。

而本部分研究的旅游企业均处于国内市场中，因此面临相似的政治法律、社会文化、自然地理等环境。

当前一般采用三种方法衡量市场竞争环境，方法如下。

（1）市场占有率与市场增长率双指标组合

市场占有率的公式为：

$$\alpha_i = \frac{X_i^t}{\sum_{i=1}^{n} X_i^t} \times 100\% \qquad (3-1)$$

市场增长率的公式为：

$$\beta_i = \frac{X_i^t - X_i^{t-1}}{X_i^{t-1}} \times 100\% \qquad (3-2)$$

其中，X_i^t 为第 i 个分市场第 t 年的旅游统计量。

众所周知，市场占有率反映企业在市场竞争中的地位与实力，而市场增长率则表现企业在市场竞争中的发展潜力。因此，参照孙根年（2005）的研究，本部分把双指标组合作为衡量旅游市场竞争状态的指标。通过双指标组合，我们将市场分为幼童市场、明星市场、瘦狗市场与金牛市场四类。

（2）贝恩指数

$$CR_n = \frac{\sum\limits_{i=1}^{n} q_i}{Q} \qquad (3-3)$$

其中，Q 代表行业当年的营业总收入，q_i 代表第 i 家企业的营业收入，CR_n 即为贝恩指数，其中 n 代表企业数目。

贝恩指数用来体现行业集中度。顾祥柏、焦晓娟（2011）提出，贝恩指数越高，表明行业的垄断力越强，可以用它来研究市场的竞争结构。

（3）HHI 指数

产业组织理论认为，行业内竞争对手越多，竞争强度就越大，因此可以用 Herfindahl – Hirschman Index（HHI 指数）来反映竞争强度。HHI 指数易于计算且可以合理地反映产业的市场集中度。冯根福等（2008）提到，当行业内的企业数目一定时，HHI 指数与竞争强度成反比，即 HHI 指数越大，竞争强度越低；反之亦然。

《2012 年上市公司行业分类指引》将上市公司划分为 19 个行业。旅游业由三部分构成：旅游业、交通客运业和以饭店为代表的住宿业。

$$\mathrm{HHI} = \sum_i (X_i/X)^2 \qquad (3-4)$$

其中，X_i 代表第 i 个企业的销售额，用营业收入代替估算，$X = \sum X_i$。

2. 宏观经济冲击

宏观经济（Macro Economy）是指总量经济活动，也指国民经济的总体活动，还指整个国民经济或国民经济总体及其经济活动和运行状态，如总供给与总需求、国民经济中的主要比例关系、国民经济的总值及其增长速度、货币发行的总规模与增长速度、劳动就业的总水平与失业率、物价的总水平、进出口贸易的总规模及其变动等。宏观经济冲击指标是大环境指标，任何行业、企业的风险波动都不能排除这一因素的影响。旅游产业亦如此，如国民收入及就业率或者失业率都极大地影响了旅游业的发展。

旅游价值链主要是以旅游景区景点或旅游批发商为中心，服务流、游客流、物质流、资金流、文化流、信息流以及商务流之间相互控制，以食、住、行、游、娱、购等活动为其重要组成，将旅游业中的供应商、批发商、零售商、旅游者四者整合成一种网链式的结构模式。旅游业价值链的各个环节都必须处在一定的宏观环境之中，也受到宏观环境的影响。在探讨旅游业价值链的各个环节时，可以通过对宏观环境的分析得到对旅游业价值链的风险波动的影响，从而更好地为旅游业价值链服务。

刘淑莲（2012）就如何衡量我国的宏观经济冲击，设计了以下方案：

$$Marcoeco_t = \beta_0 + \beta_1 \ln GDP_t + \beta_2 Stock_t + \beta_3 Currency_t + \varepsilon_t \qquad (3-5)$$

其中，被解释变量 $Marcoeco_t$ 代表第 t 年的宏观经济冲击，$\ln GDP_t$ 代表第 t 年的经济发展水平，以各年度国内生产总值（亿元）取自然对数作为其代理变量，$Stock_t$ 代表第 t 年的股市发展水平，是基于上证指数构建的，其具体公式为 $Stock_t = \dfrac{IndexShanghai \times 100000}{2000 \times GDP_t}$，$Currency_t$ 代表第 t 年我国的货币政策，利用货币供应量的相对规模来表示，即 $M2_t / GDP_t$。

3. 共同资金约束

约束虽然在现实生活中被广泛使用，但是针对不同的对象，其含义却不同。例如，如果约束的对象是行为，约束常被解释为束缚和管制；如果约束的对象是资源，约束常被解释为不足、受限或瓶颈。资金约束则指资金不足或资金受限。

一般来说，资金作为资源一定是受限的，这与资本市场的流动性强弱无关，即使市场资金再充足，对一个节点企业而言，其持有的资金与其所希望完成的任务之间总会存在差距。为了把资金约束和资金资源的稀缺性区别开来，本研究将借鉴企业管理顾问高德拉特博士在《约束理论》中提出的观点，从系统目标出发定义资金约束概念。高德拉特在描述约束的时候，强调必须把企业看成一个系统，从系统的整体效益出发考虑和处理企业问题，并把约束看作妨碍企业系统目标实现的因素。

任何一个企业要想实现其整体目标，资金都是必不可少的资源。我们这样定义资金约束。

假设：企业为实现整体目标，对资金的实际需求量为 RQ，而系统自身资金的持有量为 M，若资金为系统的约束资源，则 $M \leqslant RQ$。一般而言，大的系统往往比较复杂，常可以按复杂程度将其分解成一系列小的系统，可将这些小系统称为包含它的大系统的子系统。在进行系统分解时，也可以沿着系统分解的方向进行系统需求分解。由此，可以给出系统资金约束的一般定义。

价值链的共同资金约束尤其体现为中小企业与核心企业之间的资金实力差距，而我国价值链系统结构一直都是以核心企业为主导的。与核心企业相比，中小企业资金实力弱和得到的信贷优惠少，而且核心企业往往会在价格、付款、账期、交货方式等环节对中小企业提出苛刻要求，这样容易使中小企业面临资金不足的困境，供应链产生资金缺口。

Modiglian 和 Miller（1958）提出，在完全竞争市场的状态下，当公司的债务比率由 0% 增加至 100% 的时候，企业的资本总成本和总价值不会发生任何变动。因此，企业的生产运作可以不考虑资金约束的影响。在经济研究领域，有一些研究者开始研究企业资金约束对企业运营决策的影响，例如 Che 和 Gale（2000）以及 Thomus（2002）等，但这些研究仅仅局限于考虑节点企业在静态资金约束下的运营决策问题，很少考量金融对生产运营的影响。Buzacott 和 Zhang（2004）运用基于供应链中生产商的资金流管理思想，考察了企业在生产运作过程中受到资金约束时解决资金困境的方式。他们考察了由零售商和银行组成的金融供应链，提出当零售商初始资金有限时，可以以库存作为抵押向银行贷款，零售商以此进行最优订货决策，在销售周期结束时，能获得最大收益。Caldentey、Martin 和 Haugh（2005）在研究中提出三类订货合同中的资金约束问题，探讨了如何运用金融市场中的对冲机制来解决经销商采购货物时面临的资金难题。Caldentey 和 Chen（2007）指出，在零售商面临资金约束的条件下，特殊信用合同可以为供应链创造新的价值。从融资方式看，Caldentey、Martin 和 Haugh（2005）比较了有套利保值和无套利保值柔性合同的绩效差异。Ding 等（2005）和 Dong 等（2006）从风险管理角度考虑了运营决策和资金决策的相互作用和影响。Allen、Berger（2004）等最早提出了关于中小企业融资的一些新设想及框架。

国内主要围绕中小企业解决融资难问题展开研究，近年来研究成果颇丰。应雯堪（2006）认为供应链中的节点企业（尤其是中小企业）往往资金不足，因此运用系统动力学建立了一个由制造商、分销商、零售商和顾客组成的供应链系统。当供应链出现资金约束时，可以通过引入/融通仓的运作模式解决供应链中的资金约束问题。陈祥锋（2008）在分析了资金约束供应链的问题后，给出由单一供应商和单一零售商组成的供应链模型，分析了供应链中金融活动和运营的综合决策问题及其影响，证实当零售商出现资金约束时，融资服务可为整个供应链创造新价值，并且资本市场的竞争程度将直接影响零售商、供应商和金融机构的具体决策。段佳国（2004）认识到当供应链中的中小企业内出现资金约束时，其资金来源主要是外源性融资，但由于自身规模问题，外源性融资渠道不畅通，造成融资难题，不仅阻碍了中小企业的发展，也不利于产业供应链的发展和壮大。唐少艺（2005）运用供应链融资的思想探讨了中小企业的融资模式。

在旅游业中，不同的资产规模会对中小型旅游企业的经营活动产生风险溢出影响。但由于很难衡量某一特定行业的宏观资金约束，因此本章选取中国每年的广义货币供应量 M2 发放数据衡量旅游业的资金约束。

（二）纯粹因素

1. 旅游业价值链的风险控制能力

旅游业价值链自身的风险控制能力、风险属性与价值链的风险波动溢出存在一定的关系；拥有良好的风险控制能力能够从公司内部阻止行业内其他企业风险的传递，公司可以通过内部风险控制系统对可能出现的风险进行事前预测、事中控制、事后弥补，从而减少本行业或行业之外的风险传染；风险属性作为衡量企业风险程度的指标，风险属性越大，企业受风险的影响就越大，越容易受到外部风险波动的影响，风险属性低的企业更不易受到外界风险波动溢出的影响，风险属性高的企业更容易受到影响。

公司的内部控制、公司风险与风险管理存在一定的区别，COSO 报告（2004 年）认为，内部控制是风险管理的组成部分，风险管理包括风险计划、风险控制和风险应对。风险计划本身是一种计划，是在知道了公司的预期风险情况与结果的情况下，结合公司对风险的偏好而订的计划。此外，COSO 的报告认为风险管理由八个要素组成：内部环境、目标设定、事件识别、风险评估、风险对策、控制活动、信息与沟通、监督。风险控制可分为内部控制和外部控制，内部与外部的区别主要在于风险控制行为的实施主体，其中内部控制本质上是组织的内部风险控制机制，它是公司自身为解决代理问题、道德风险、逆向选择而设立的一套保证公司良好运行的内部系统，如果代理人的经营活动没有达到预期的效果或效率，或者公司经营代理人从事有违道德或为自身利益而故意做出错误选择，内部控制能在一定程度上消除此类事件的发生或控制其影响。COSO 的报告认为由控制环境、风险评估、风险对策、控制活动、信息与沟通、监督组成，显然，内部控制包含在风险管理之中，且内部控制系统在风险管理中扮演着重要的角色。外部控制是指由公司以外的其他组织或个人所做的（如会计师事务所、政府监督机构、公众媒体、资信评级机构、竞争机构等）能够对组织行为的风险起到规避与控制作用的行为和措施。

风险控制并不能阻止所有违法事件的发生，因为灾害的发生总是不可避免的，在这种情况下，勤勉责任和关注度成为风险控制成功的关键。但此种衡量方法存在很高的主观性，不能量化。

由此可以看出，企业的风险控制能力既不仅仅局限于内部控制的范围，也没有成为一种涵盖公司管理各个方面的行为体系。作为衡量风险控制的替代变量，我国学者进行了相关的研究。张田田（2012）从财务风险控制角度指出，财务风险控制衡量指标可以由速动比率、股东权益比率、营业毛利润、资产周转率、总资产增长率来衡量。梁飞媛（2006）认为可以把风险控制的具体目标分为风险发生前的目标和风险发生后的目标，包括合法性目标、经济目标、安全系数目标、生存目标、持续经营目标、获得能力目标、收益稳定目标、发展目标，但是并没有明确量化各目标的方法。

孙园园（2012）对风险管理实施程度的衡量有较强的实践意义，但量化能力及效果有待商榷，孙园园认为 ERMI 指标衡量公司的 ERM 效率，主要基于 COSO 提出的四个目标：战略、经营、报告、合规，ERMI 把以上四个目标，每个目标用 2 个变量进行衡量，然后综合 8 个指标得到 ERMI，其中包括销售额的偏差率、贝塔值的减少程度、资产周转率、投入产出比、财务报告的审计意见、公司财务报告的重述、审计费用和公司总资产的比值、预计负债和公司总资产的比值。

企业自身的风险控制能力是企业的综合能力的重要反映。王旭华、陈钢（2007）和尹子民、夏天（2008）分别从两条路径建立评价公司综合能力的标准，我们亦选取以下两种方法衡量企业的风险控制能力。

（1）考虑到实证分析中的实用性，我们将其简化为公司的负债权益比率，包括长期与短期两个指标。考虑到公司的风险控制能力关系到企业长期的发展战略，因此这里选取长期负债权益比率，它等于公司的长期负债除以公司的权益账面价值。

（2）企业生存的依赖于源源不断的现金流，依赖于强悍的财务能力，因此，我们利用企业综合财务状况来衡量企业的风险控制能力。

企业财务状况的评价方法为：$F = \sum_i WEIGHT_i \times X_i$，其中，$F$ 为盈利能力、偿债能力、发展能力或者营运能力；X_i 为各项财务指标值（标准化后）；$WEIGHT_i$ 代表各个指标相应的权重 a。评价企业综合财务状况的公式为：

$$TF = \sum_i WEIGHT_i \times F_i \qquad (3-6)$$

其中，TF 为综合财务状况的评价指标，F_i 为 F 为盈利能力、偿债能力、发展能力或者营运能力，$WEIGHT_i$ 为对应的权重 b。

根据国家财政部关于企业绩效评价工作指南的规定，我们借鉴了国内外大量研究成果后建立了类间、类内的比较矩阵，通过相关计算得出了表 3-1 的权重结果。

表 3-1　各类财务指标的权重

评价项目	相对权重 b	具体指标	相对权重 a	绝对权重
营运能力	0.196	总资产周转率	0.272	0.053
		应收账款周转率	0.483	0.095
		流动资产周转率	0.157	0.081
		存货周转率	0.088	0.017

续表

评价项目	相对权重 *b*	具体指标	相对权重 *a*	绝对权重
偿债能力	0.102	资产负债率	0.540	0.055
		已获利息倍率	0.297	0.030
		速动比率	0.163	0.017
发展能力	0.196	销售增长率	0.297	0.058
		销售利润增长率	0.540	0.106
		总资产增长率	0.163	0.032
盈利能力	0.506	总资产报酬率	0.235	0.119
		净资产报酬率	0.235	0.119
		销售利润率	0.449	0.027
		成本费用利润率	0.081	0.041

2. 旅游业价值链的风险属性

孙维丰、陈立文、孙奎霞和刘广平（2006）运用属性集和属性测度理论，在构造项目投资风险单指标、多指标属性测度函数的基础上，建立了完整的项目投资风险评价模型，提出了较科学的风险因素权重确定方法及风险属性识别准则。王诚（2006）采用了同样的方法对风险属性进行了测量。

靳云汇、李学（2000）在对中国股市 β 系数进行的实证研究中指出，β 系数是测量股票系统风险的主要指标之一，在投资理论和投资实践中占有重要地位。黄威华（2001）在 β 系数与证券投资风险进行度量时，提出进行证券投资必然要承担风险，采用多样化投资组合可以降低投资风险。证券组合风险是由组合中各种股票对这个组合风险的贡献度的大小决定的，可以用 β 系数来衡量。吴文锋、芮萌和陈工孟（2003）在中国股票收益的非流动性补偿的研究中，对于风险变量的选取如下：每月将股票按照市值排序，分成 10 个证券组合；然后按照组合中所有股票收益率等加权平均计算各个组合的日收益率 R_t。最后按照市场模型估计各个组合的系统风险值。胡勤勤（2004）在中国股市 β 系数稳定性、时变性和影响因素的实证研究中指出，β 系数是度量证券（或证券组合）的价格变动与市场上证券平均价格变动之间相关关系的指标，而且反映了市场上证券平均价格变动对某一证券（或证券组合）价格变动的影响程度，被称为"系统性风险系数"。β 系数不但具有极其重要的理论意义，并且还广泛应用于投资实践中，比如资产定价、证券投资组合管理以及业绩评价。因此，β 系数在学术界和实务界均受到了广泛关注。宋薇（2009）指出在资本市场的理论与实践中，风险的度量一直是焦点问题，尤其是系统性风险，很早就成为众多经济学家和业内人士研究的重点。中国股票市场作为一个新兴加转轨的市场，依旧存在着经济制度、市场环境的不完善和投资者不成熟等不利因素，这些因素致使股票价格受市场整体变化的影响较大，系统性风险在股票总风险中占的比例较大，因此对系统性风险度量的要求更加迫切。随着现代投资组合理论的建立和发展，经济学家们提出了一系列系统性风险度量方法，其中一种被广泛采用的方法，就是 β 系数度量指标。

参考孙维丰、陈立文（2006）的研究，按照风险的大小可以将企业的风险分为 5 类：风险很轻、风险较轻、风险一般、风险较重、风险严重。企业的风险受多种因素影响，需要从多方面考虑，才能公平地评估企业的风险，如果从宏观、微观角度分析，则指标过于庞杂，且容易出现指标间相互影响的情形，因此，我们选取 β 系数作为综合考评公司风险程度的指标。β 系数是一种风险指数，用来衡量个别股票和股票基金相对于整个股票市场的价格波动情况，β 系数作为评估证券系统性风险的一种工具得到广泛应用，较之财务指标更为准确可行，β 系数与风险等级的对应关系如表 3 - 2 所示。

表 3 - 2 β 系数与风险等级的对应关系

︱β-1︱值	风险程度	赋 值
0 ~ 0.1	风险很轻	1
0.1 ~ 0.2	风险较轻	2
0.2 ~ 0.3	风险一般	3
0.3 ~ 0.4	风险较重	4
0.4 ~ + ∞	风险严重	5

3. 旅游业价值链的节点企业规模

企业规模（Enterprise Scale）是指劳动者、劳动手段、劳动对象等生产要素和产品在企业里集中的程度。企业规模对净资产收益率和投资转移的影响具有不确定性。一方面，规模大的企业都有相对较大的市场占有率和市场覆盖率，收益回报也相对稳定，从而降低了企业经营的风险，降低了公司的预期破产成本，因而授信额度往往较高，也比较容易吸引外部的投资。另一方面，根据融资优序理论，大企业应倾向于权益融资，因此具有较低的负债水平，而就小企业而言，由于其长期融资成本相对较高，致使其更倾向于寻求短期融资，因而规避了较高的融资风险，也会相应地提高价值回报，即净资产收益率。本研究用企业总资产的自然对数来衡量公司的规模，并假设企业规模与净资产收益率（ROE）为正相关的关系。

本书在选取衡量企业规模的方式时参考了以往各实证研究成果：崔丽花和沈英（2009）在进行公司股权结构对公司治理绩效影响的实证研究时，在衡量企业规模时，选择了总资产的自然对数。张福明（2011）在对企业成长与生产率、盈利能力的动态关系的研究中，在衡量企业规模时也选择了总资产的自然对数。常悦、李嘉璐和邓波

（2013）通过对 2002~2011 年沪深 A 股上市公司的财务数据进行实证分析，检验我国上市公司近 10 年盈余稳健性的变化趋势，并分析公司治理中各因素对企业盈余稳健性的影响，选取了总资产的自然对数来度量企业的规模。王宏（2013）在研究我国上市公司中连锁董事数量与公司价值之间的关系时，以总资产对数、总资产增长率、资产负责率作为控制变量，实证分析了连锁董事对公司价值的影响。

李锦霖（2008）在研究最终控制人与外资持股对企业价值的影响时，根据最终控制人的身份将上市公司分成国有控制上市公司与民营控制上市公司两类，以 2006 年年底有外资持股的上市公司作为样本数据，选取控制权、外资持股作为自变量与企业规模、企业所处行业为控制变量对企业价值进行了多元线性回归分析。第一，对企业规模的衡量：由于企业价值会受到企业规模的影响，规模较大的企业存在一定的协同效应与规模效应，应对市场风险的能力要强于小企业，因此在研究企业价值问题时应该引入企业规模作为控制变量。该变量取值为各上市公司的年末总资产额的自然对数。第二，对于所处行业的衡量。所处行业以上市公司是否属于被政府管制行业来划分，将行业分为两类：一类是受政府管制的行业，包括公用事业、金融业、交通运输业、矿业；其余的都划入不受政府管制的行业，属于管制性行业时，其取值为 1，否则取值为 0。蒋蕾（2012）在研究 VC/PE 持股、股权结构与公司绩效的相关关系时，选择主营业务利润总资产收益率作为公司绩效的量化指标，然后从 VC/PE、股权集中度和股权制衡量三个方面来选取自变量，并且选择总资产的对数、净利润增长率、独立董事比例、观测值的年份和公司所处行业作为控制变量。具体做法如下：规模经济作用的存在，使得公司规模越大、企业的经营绩效越好，因此引用总资产的对数（ln assets）作为企业资产规模的量化指标，设定企业规模这个控制变量来消除样本企业资产规模的差异对研究结果的影响。同时，根据深圳证券交易所的行业分类标准，上市公司所处行业可以分为农业、采矿、食品、纺织、化工、电子、金属、机械、医药、电力、交运、信息、批零、金融、服务、家具、造纸、其他制造、建筑、地产、传播、综合共22类，并用12个虚拟变量控制公司所处行业。

祁晨（2012）在研究资本结构与公司经济增加值——EVA 的相关性时，以我国民营上市企业的每股收益、营业收入增长率、高级管理层持股比例和所处行业等作为控制变量。其中，所处行业的控制变量为哑变量。样本中的民营上市公司分布于13个行业大类，并选取了12个行业哑变量。当该民营上市企业属于此类行业时，赋值为1；否则，赋值为0。

叶飞、张志利和李怡娜（2008）对开展逆向物流活动的企业内部驱动力与其运营绩效之间的关系进行了实证研究。她们将内部驱动力划分为高层领导者、实体资源和人力资源三个层面，将运营绩效划分为直接绩效和间接绩效，并选择企业所有制和所处行业为控制变量，进行对比研究。郗河（2009）在研究员工年龄对组织自尊产生的影响，以及员工收入对组织认同及组织公民行为等产生的影响时，把组织层面的企业规模、企业性质、所处行业和个体年龄、性别、职位、学历、收入、参加工作时间等因素作为控制变量，检验其对中介变量、结果变量的影响。具体做法如下：其一，将企业所处行业分为制造业、传统服务业、现代服务业、其他产业4大类；其二，将企业性质分为国有、集体、民营、外资（合资）4大类。

张兰霞、袁栋楠和牛丹等（2011）选择了企业规模、所有制性质及其所处行业作为控制变量，构建了企业社会责任对财务绩效影响的理论模型，并提出了相关研究假设。企业规模用企业总资产的自然对数表示，企业所处行业和所有制性质用哑变量来处理。样本中上市公司分为五大行业：①房地产；②公共事业；③综合类；④商业；⑤工业，并且用哑变量来表示。所有制性质分为国有控股、境内法人控股，以及境外法人控股，同样用哑变量表示。

（三）旅游业价值链

旅游业具有"无烟产业"和"永远的朝阳产业"的美称，它已经和石油业、汽车业并列为世界三大产业。凭借丰富的自然、人文和历史资源，改革开放以来，随着社会生产力水平的提高和中国经济的腾飞，我国旅游业取得了快速的发展，已经成为国民经济体系的支柱性产业之一。党的第十七届五次会议《关于制定国民经济和社会发展第十二个五年规划的建议》提出"十二五"期间要"加快转变经济发展方式"，要"经济结构战略性调整取得重大进展"。国务院《关于加快发展旅游业的意见》将旅游业发展上升为国家战略并明确提出要"制定国民旅游休闲纲要"。因此，旅游价值链将成为未来近年旅游研究领域的一个新方向，特别是我国"十二五"规划中对发展旅游业的战略定位，必将引起对旅游价值创造的关注与探讨。

本书通过回顾与梳理国内外学者旅游业价值链研究的成果，在此基础上给出旅游业价值链的定义：旅游业价值链是由一些满足"食、住、行、游、购、娱"旅游六要素，处于横向价值链上且互为竞争关系的节点企业所组成的并联的合作共同体。本章实证研究部分均将我国旅游上市公司作为研究对象，通过上市公司的财务指标数据进行实证研究。

本书主要以证监会《国民经济行业分类与代码》为主要依据，并根据《上市公司行业分类指引》的分类原则和方法，将旅游上市公司分为景区资源类、酒店类和综合类三大类。按照上述分类方法和标准，截至 2012 年年底，我国旅游上市公司包括：北京旅游、华侨城 A、大连圣亚、峨眉山 A、桂林旅游、黄山旅游、丽江旅游、九龙山、张家界、宋城股份、云南旅游、西藏旅游、新都酒店、华天酒店、东方宾馆、西安饮食、锦江股份、金陵饭店、ST 东海 A、首旅股份、零七股份、湘鄂情、科学城、全聚德、西安旅游、中青旅、国旅联合、三特索道、世纪游轮、腾邦国际、曲江文旅以及中国国旅，本章以上述 32 家旅游上市公司为实证研究对象（见表 2 - 6）。

目前，关于各国金融市场间的风险溢出效应研究主要集中于股票市场、债券市场、期货市场。但从价值链的角度出发研究多个价值链之间的风险溢出效应的却几乎没有。本章主要采用广义自回归条件异方差模型（GARCH 模型），从市场指标（日收益率）和财务指标（净资产收益率，ROE）两个角度研究多个价值链间（以旅游业价值链为主）的风险溢出效应，旨在为价值链风险管理研究提供参考和启示。

三　研究方法

独立成分分析（Independent Components Analysis，ICA）是近几年发展起来的一种新的统计方法。该方法主要将观察到的数据进行线性分解，使其成立为独立的成分。最早提出 ICA 概念的是 Jutten 和 Her -

ault，他们对 ICA 的描述有些简单化了，认为 ICA 是从线性混合信号里恢复出一些基本的源信号的方法。而神经网络、统计分析、信号处理等领域普遍关心的问题则是如何借助某种适当的变换，为源数据找到一个恰当的表示。

本节运用独立成分分析法，对 ICA 模型进行一系列中心化、白化及参数估计处理，从多元（多维）统计数据中寻找潜在因子或成分，进而确定被观察到的数据是如何由独立成分混合产生的。独立成分分析模型如（3 – 7）式所示：

$$V = As \tag{3-7}$$

其中：

$$V = \begin{bmatrix} V_{11} & V_{12} & \cdots & V_{1T} \\ V_{21} & V_{22} & \cdots & V_{2T} \\ \vdots & \vdots & & \vdots \\ V_{k1} & V_{k2} & \cdots & V_{kT} \end{bmatrix} \quad A = \begin{bmatrix} A_{11} & A_{12} & \cdots & A_{1k} \\ A_{21} & A_{22} & \cdots & A_{2k} \\ \vdots & \vdots & & \vdots \\ A_{k1} & A_{k2} & \cdots & A_{kk} \end{bmatrix} \quad s = \begin{bmatrix} s_{11} & s_{12} & \cdots & s_{1T} \\ s_{21} & s_{22} & \cdots & s_{2T} \\ \vdots & \vdots & & \vdots \\ s_{k1} & s_{k2} & \cdots & s_{kT} \end{bmatrix}$$

（一）模型阐述

V 表示可观测到的混合信号，设 $\vec{v} = (v_1, v_2, \cdots, v_k)^T$ 为 k 维零均值随机观测信号向量，它是由 k 个未知的零均值独立源信号 $\vec{s} = (s_1, v_2, \cdots, s_k)^T t$ 线性混合而成的，即由各独立成分组成的矩阵；这种线性混合模型可表示成（3 – 8）式：

$$\vec{v} = \vec{A}\vec{s} = \sum_{j}^{k} 1 \, \vec{a}_j \vec{s}_j = 1, 2, \cdots, k \tag{3-8}$$

式（3 – 8）中：$\vec{A} = (A_1, A_2, \cdots, A_k)^T$ 为 $k \times k$ 阶满秩源信号混

合矩阵；$\vec{A}$ 为混合矩阵的 k 维列向量。t（$t=1$，2，…，T）表示观测的时间点。可改写成矩阵形式，即（3-9）式所示：

$$\begin{bmatrix} v_1(t) \\ \vdots \\ v_k(t) \end{bmatrix} = \begin{bmatrix} a_{11} & \cdots & a_{1k} \\ \vdots & \ddots & \vdots \\ a_{k1} & \cdots & a_{kk} \end{bmatrix} \begin{bmatrix} s_1(t) \\ \vdots \\ s_k(t) \end{bmatrix} \quad (3-9)$$

式（3-9）中：每个混合信号 $v_i(t)$（$i=1$，…，k）都可以看成一个随机信号，其每个观测值 $v_i(t)$ 是在 t 时刻对随机信号 v_i 的一次抽样。由式（3-9）可以看出，t 时刻的各观测数据 $v_i(t)$ 是由 t 时刻各独立源信号 $s_j(t)$ 的值经过不同 a_{ij} 线性加权得到的。我们的目的是利用 $S=HV$（H 为 A 的逆矩阵）反解出 s。在混合矩阵 A 和源信号 s 均未知的情况下，为了利用传感器检测到的信号 v（简称传感器信号或混合信号）和 ICA 各个假设条件，尽可能地分离出源信号 s，可构建一个分离矩阵（或称解混矩阵）$W=(w_{ij})_{k\times k}$，那么 v 经过分离矩阵 W 变换后，得到的 k 维输出列向量为 $\vec{y}=(y_1, y_2\cdots, y_k)^T$。这样，ICA 问题的求解（或解混模型）就可以表示成 $\vec{y}(t)=\vec{W}\vec{V}(t)=\vec{W}\vec{A}\vec{s}(t)=\vec{G}\vec{s}(t)$，$G$ 为全局传输矩阵（或全局系统矩阵）。若使 $G=I$（I 为 $k\times k$ 阶单位矩阵），则 $\vec{y}(t)=\vec{s}$，从而可达到分离（恢复或估计）源信号的目的。

（二）独立成分分析过程阐述

1. 中心化处理

将信号 V 减去信号的期望向量 $E\{\vec{x}\}$，使得信号的均值变成零。众所周知，不相关是独立的必要条件，不是充分条件。独立的源信号

$\vec{s}(t) = [s_1(t), s_2(t), \cdots, s_n(t)]^T$ 各分量必然是不相关的，即 $E\{s_i s_j\}$ = $E\{s_i\}E\{s_j\} = 0, i \neq j$，为了避免尺度的不确定性，可对独立源信号进行能量中心化处理，则中心化后的各分量的自相关函数满足 $E\{s_i^2\}$ = 1，当前面两式同时成立时，等价于源信号 $\vec{s}(t)$ 的自协方差矩阵 $\text{cov}(\vec{s}) = \vec{I}$。当源信号为零均值时，此协方差矩阵等于自相关函数矩阵 $R_{ss} = E\{ss^T\}$。

2. 白化处理

白噪声是指在较宽的频率范围内，各等带宽的频带所含的噪声能量相等的噪声，物理上把它翻译成白噪声（white noise）。

白噪声或白杂讯，是一种功率频谱密度为常数的随机信号或随机过程。换句话说，此信号在各个频段上的功率是一样的，由于白光是由各种频率（颜色）的单色光混合而成的，因而此信号的具有平坦功率谱的性质被称作是"白色的"，此信号也因此被称作白噪声。相对的，其他不具有这一性质的噪声信号被称为有色噪声。

这里我们对于任意多维信号施加一个线性变换使其变为白化信号，变换后的矩阵称为白化矩阵。若 Q 为观测信号 $v(t)$ 的白化矩阵，则 $\vec{v}(t) = \vec{Q}\vec{v}(t)$ 是白化后的混合信号，于是有 $\text{cov}(v) = I$，再将 $V = AS$ 代入上式，且 $H = QA$（H 为全局混合矩阵），得 $\vec{v}(t) = \vec{Q}\vec{A}\vec{s}(t)$。由于线性变换 A 所连接的 $\vec{v}(t)$ 和 $\vec{s}(t)$ 是两个随机向量，因而矩阵 A 一定是正交矩阵。把 $\vec{v}(t)$ 看作新的观测信号，白化就是原来的混合信号 A 简化成一个新的正交矩阵 A。类似的，分离矩阵 W 针对的是白化后的混合信号 $\vec{v}$，当分离输出 y 满足 $E\{\vec{y}\vec{y}^T\} = \vec{I}$（消除尺度不确定性）时，有 $E\{\overrightarrow{yy^T}\} = E\{\overrightarrow{w}\,\overrightarrow{aa^T}\,\overrightarrow{w^T}\} = \overrightarrow{w}\,\overrightarrow{w^T} = \overrightarrow{I}$，这表明，数据白化后的盲分离矩阵 W 为正交矩阵。事实上，正交变换相当于对多维向量所在的坐标系进行了一次旋转，从而实现降维，减小独立成分分析的工作量。

四　变量选取

本章从基本面因素和纯粹因素两个角度对旅游业价值链的风险溢出进行分析和研究。前文已对基本面因素、纯粹因素的构成以及各个变量的衡量方法做了详尽的介绍，变量的选取如下：

（1）贝恩指数是衡量市场环境变量的指标，而贝恩指数则由旅游业价值链中的公司年度营业收入之和以及旅游业当年度营业总收入两组之和计算得出；

（2）对于宏观经济冲击变量来说，虽然前文已介绍了衡量方法，但本章研究的是影响旅游业价值链风险溢出的因素，从产业结构的角度考虑，选取国内生产总值 GDP（以 1978 年为基期的实际 GDP）的自然对数值作为宏观经济冲击变量的衡量指标；

（3）将我国每年的广义货币供应量 M2 的发放数据作为共同资金约束的衡量指标；

（4）选择旅游业价值链的财务综合能力作为衡量旅游业价值链风险控制能力的指标，而旅游业价值链的财务综合能力则是通过旅游业价值链中的各企业的财务指标按权重计算得出的；

（5）以旅游业价值链中的各企业 β 系数所对应的风险等级赋值加

权后的数值作为旅游业价值链风险的衡量指标；

（6）依据证监会行业分类选取国内旅游业上市公司年度末的净资产收益率数据按市值加权后的数值作为旅游业价值链的风险溢出效应的衡量指标。

五　数据选取

本部分选取2002～2011年共10年的年度数据，对旅游业价值链风险溢出的影响因素进行实证研究。数据来自国泰安 CSMAR 数据库和国家统计局年鉴，在选取样本公司时，我们参照了以下标准：

（1）样本公司均为在我国沪、深股票市场上市的旅游类公司（见表2-1）；

（2）剔除研究期间发生非正常交易的上市公司；

（3）剔除沪深 A 股之外的所有上市公司；

（4）所选取的上市公司必须在整个研究期间持续存在并正常交易。

根据以上标准选择样本公司，共19家，其中景区资源类上市公司共9家，分别是黄山旅游、大连圣亚、西藏旅游、北京旅游、峨眉山 A、桂林旅游、丽江旅游、云南旅游、华侨城 A；酒店类旅游上市公司7家，分别是锦江股份、金陵饭店、首旅股份、西安饮食、新都酒店、华天酒店、东方宾馆；综合类旅游上市公司共3家，分别是中青旅、国旅联合、西安旅游（见表3-3），部分宏观数据见表3-4所示。

表 3 - 3　旅游业价值链上市公司分类

类别	股票代码	公司名	类别	股票代码	公司名	类别	股票代码	公司名
景区资源类	600054	黄山旅游	酒店类	600754	锦江股份	综合类	600138	中青旅
	600593	大连圣亚		600258	首旅股份		600358	国旅联合
	600749	西藏旅游		601007	金陵饭店		000610	西安旅游
	000802	北京旅游		000721	西安饮食			
	000888	峨眉山 A		000033	新都酒店			
	000978	桂林旅游		000428	华天酒店			
	002033	丽江旅游		000524	东方宾馆			
	002059	云南旅游						
	000069	华侨城 A						

表 3 - 4　基本面因素研究的部分宏观数据

年　份	旅游业总产值	实际 GDP	M 2
1999	3999.078	25206.4	119897.9
2000	4518.628	27362.67	134610.3
2001	4995.004	29566.8	158301.9
2002	5565.626	32389.28	185007
2003	4882.965	35782.35	221222.8
2004	6841.076	39532.54	254107
2005	7685.7	43805.99	298755.7
2006	8936.086	49619.67	345603.6
2007	10958.14	56885.19	403442.2
2008	11585.89	62615.97	475166.6
2009	12893.89	67839.83	606225
2010	15681.15	74727.64	725851.8
2011	22435.58	81898.46	851590.9

六　实证检验

本部分根据方程（3-8）至（3-10），采用独立成分分析法并使用 Matlab 2011b 软件，研究基本面因素以及纯粹因素对旅游业价值链风险溢出效应的影响。

（一）基本面因素对旅游业价值链风险溢出的影响研究

对旅游业价值链的净资产收益率的波动数据与市场环境、宏观经济冲击以及共同资金约束等基本面因素数据进行独立成分分析，得到所对应的解混矩阵 W_1 为：

$$W_1 = \begin{bmatrix} -1.0922 & 3.3117 & 8.8305 & 4.1192 \\ -14.1844 & 5.4357 & -3.3594 & 0.2925 \\ -43.8192 & -2.1253 & 3.2630 & -0.1347 \\ 16.1675 & 0.0352 & -5.8437 & 3.0226 \end{bmatrix}$$

解混矩阵中的每一行代表一个独立成分，每一列中的数值则代表变量在此独立成分中所占的权重，而列变量排列的顺序依次是旅游业价值链净资产收益率的波动数据、市场环境变量、宏观经济冲击变量以及共同资金约束变量。第一、第四独立成分中宏观经济冲击变量、共同资金约束变量所占权重较大，说明第一、第四独立成分主要用来度量宏观经济冲击变量与共同资金约束变量对旅游业价值链风险溢出的影响。第二、第三独立成分中市场环境变量、宏观经济冲击变量所占权重较大，说明第二、第三独立成分主要用来度量市场环境变量与宏观经济冲击变量对旅游业价值链风险溢出的影响。

通过对四个独立成分的实证分析，可以得出，基本面因素（市场环境、宏观经济冲击、共同资金约束）在宏观上影响着旅游业价值链的风险溢出效应。因此，无论是进行"风险溢出"理论研究还是在实际金融决策过程中，基本面因素都是首先要考虑的重要因素。

（二）基本面因素和纯粹因素共同对旅游业价值链风险溢出的影响研究

前文已经实证证明了基本面因素在宏观上影响着旅游业价值链的风险溢出，本部分将重点研究当基本面因素未发生变动时，旅游业价值链是否仍会发生变动，以及若发生变动是否是由纯粹因素引起的。

对旅游业价值链的净资产收益率的波动数据与市场环境、宏观经济冲击、共同资金约束等基本面因素数据以及旅游业价值链的风险控制能力、风险属性等纯粹因素数据进行独立成分分析，所得到对应的解混矩阵 W_2 为：

$$W_2 = \begin{bmatrix} -36.44 & -3.25 & 1.23 & -0.37 & 0.24 & 1.29 \\ 26.04 & -0.47 & 2.22 & -1.47 & -0.07 & 0.48 \\ 15.94 & -10.33 & -8.37 & 4.65 & 0.46 & -0.13 \\ -0.41 & 0.83 & 6.33 & -2.92 & -0.12 & -2.13 \\ 14.33 & 2.22 & -8.38 & 2.39 & 0.02 & -0.64 \\ -12.01 & -0.49 & -0.78 & 1.14 & -0.31 & -0.75 \end{bmatrix}$$

解混矩阵中的每一行代表一个独立成分，每一列中的数值则代表变量在相应的独立成分中所占的权重，而列变量排列的顺序依次是旅游业价值链净资产收益率的波动数据、市场环境变量、宏观经济冲击变量、共同资金约束变量、旅游业价值链的风险控制能力变量以及风险属性变

量。第一至第五独立成分中的二、三、五是基本面因素变量，所占权重
较大，但纯粹因素变量也能占到一定的权重（例如第一、第四独立成
分中），而第六独立成分中基本面因素市场环境变量、宏观经济冲击变
量、共同资金约束变量和纯粹因素旅游业价值链的风险控制能力变量、
风险属性变量所占的权重均较大，说明第六独立成分主要用来度量基本
面因素变量和纯粹因素变量对旅游业价值链风险溢出的影响。

以上对六个独立成分的实证分析表明，若基本面因素（市场环境、
宏观经济冲击、共同资金约束）未发生变动，旅游业价值链仍会发生
共同变动，引起这种变动的因素即为纯粹因素（旅游业价值链的风险
控制能力、风险属性）。

七 本章小结

本章主要采用独立成分分析法，从基本面因素（市场环境、宏观
经济冲击、共同资金约束）和纯粹因素（旅游业价值链的风险控制能
力、风险属性）两个方面分析旅游业价值链的风险溢出。实证分析结
果表明，基本面因素在宏观上影响着旅游业价值链的风险溢出效应；当
基本面因素没有发生变化时，旅游业价值链仍会发生共同变动，引起这
种变动的因素即为纯粹因素。今后，无论是从事风险管理相关研究还是
进行实际金融决策，基本面因素都应是首先要考虑的因素，也是最重要
的因素，但纯粹因素的影响仍然不容小觑，绝不可轻视。同时，企业内
部风险控制管理也越来越受到政府、企业、管理者的重视。本章的研究
结果为第四章旅游业风险溢出测度奠定了基础。

第四章　旅游业价值链风险溢出测度

目前关于风险溢出效应的研究，大多是围绕着各国金融市场间的溢出效应进行的，例如股票市场、债券市场、期货市场，从价值链的角度出发研究多个价值链之间的风险溢出效应的几乎没有。本章在总结和分析了国内外风险溢出效应的相关文献后，主要采用广义自回归条件异方差（GARCH）模型，从市场指标（日收益率 R_t）和财务指标（净资产收益率 ROE）两个方面去研究多个价值链间（以旅游业价值链为主）的风险溢出效应，旨在为价值链风险管理研究提供启示和帮助。

一　研究理论

随着经济与金融全球化趋势的加强，各国金融市场之间的风险传染日益明显，一国金融市场的波动往往会引起其他国家金融市场的震荡，形成连锁反应。大量研究表明，随着中国金融市场的对外开放，我国与世界主要金融市场之间存在较强的联动性。然而，现有研究主要集中于资本市场、货币市场与外汇市场，有关产业价值链的研究尚不多见。本部分所研究的旅游业价值链风险溢出是指金融市场间会存在影响关系波动也会在不同金融市场间传递，而这种传递必然会影响到不同行业价值链的波动。风险溢出存在于金融市场之间，也肯定存在于行业价值链之间。

国内外已有较多关于风险溢出效应的研究成果，Eun 和 Shim（1989）、Ito（1994）等、Huang 等（2000）、赵留彦等（2003）、张瑞峰（2007）等先后通过建立 SV、GARCH 模型检验方差的波动，从而研究风险溢出问题。King 等（1994）、Forbes 等（2002）分别从市场相关性的角度建立模型，通过验证相关系数的变化来研究金融市场之间是否存在溢出效应。Eichengreen 等（1996）、Bae 等（2003）、方毅和张屹山（2007）等将离散模型（Logit/Probit 模型）运用到"风险传染"问题的研究中。

但上述方法存在一个弊端，即所有方法仅能研究单个金融市场对一个金融市场的风险溢出问题。但在现实的金融决策过程中，一个金融市场不仅受到一个金融市场的风险溢出的影响，也会受到多个金融市场的共同风险溢出的影响。而且这些金融市场之间也存在着相互影响，如果将多个金融市场的风险波动数据作为研究对一个金融市场的风险溢出的解释变量，则必然会出现相关共线性的问题，实证研究结果并不能真实反映共同风险溢出效应。运用独立成分分析法能够很好地解决多个金融市场波动数据间存在的多重共线性问题，克服风险溢出研究方法存在的弊端。

本章使用 GARCH 模型，分别从市场指标（日收益率）和财务指标（净资产收益率 ROE）两个角度去研究多个股票市场旅游业价值链间的风险溢出效应，再通过独立成分分析法消除多个股票市场旅游业价值链间的风险波动数据的多重共线性，进一步地研究多个股票市场旅游业价值链对一个股票市场旅游业价值链的共同风险溢出效应问题。

二　研究对象

本章的核心是对旅游业价值链风险溢出进行测度，主要是不同股票市场间旅游业价值链的风险溢出效应研究和国内部分行业价值链对旅游业价值链的风险溢出效应研究。在进行实证分析时，首先研究单个价值链对一个价值链的风险溢出效应，其次研究多个价值链对一个价值链的共同风险溢出效应。在确定股票市场的研究对象时，考虑到各国家的资本市场发展程度以及旅游业发展程度不同，再结合旅游业地域性关系显著的特点，最终确定选择的各股票市场分别是上海、深圳、中国香港、韩国、新加坡股票市场。其中，上海、深圳股票市场旅游企业是依据2013年第一季度证监会发布的《证监会行业分类》确定的；而中国香港、韩国、新加坡股票市场旅游企业则是依据各股票市场证券交易所网站、雅虎财经以及其国家最具权威的财经网站确定的。国内部分行业的确定则是依据2013年第一季度证监会发布的《证监会行业分类》，最终确定的行业为：旅游业、道路运输业、航过运输业、食品制造业、零售业以及酒、饮料、茶业。

三　研究方法

目前，有关风险溢出的实证研究方法非常多，主要有协整分析法、相关系数法、均值溢出法以及波动溢出法等。协整分析法主要应用于度量长期风险传染，而许多重大风险经常在短期内发生变动，此方法不能度量短期的风险溢出；相关系数法是从统计学角度出发研究数据间的某某关系，但往往实证结果不能够解释其在经济学上的意义；而均值溢出法和波动溢出法能够克服上述两种方法的一些不确定性和不足，广泛用于风险溢出研究。在总结了风险溢出研究的成果后，我们选用广义自回归条件异方差模型（GARCH 模型）作为旅游业价值链的风险溢出效应的研究模型。

（一）GARCH 模型

GARCH 模型是为金融数据量身定做的回归模型，与普通回归模型相比，能够更好地描述金融数据的波动性。Engle（1982）在研究英国通货膨胀率序列的变化规律时提出了自回归条件异方差模型（Autoregressive Conditional Heteroscedasticity，ARCH），用来解决金融时间序列中的残差异方差问题。由于金融数据往往随着时间的变化而变化，不同的时刻相应的信息不同，则相应的方差也是变化的，运用 ARCH 模型可以得出随时间变化的条件方差。虽然 ARCH 模型在提出之后迅速成为计量经济学以及金融等领域研究的重要工具，但仍存在一些缺陷，例如其在描述资产收益率的波动率时往往需要许多参数及大多金融时间序列的残差与模型的正态假定不符等。

Bollerslev（1986）对 ARCH 模型进行了扩展，提出了广义自回归条件异方差（GARCH）模型。GARCH 模型规避了 ARCH 模型存在的滞后期数太长的问题，能够更加准确地估计时间序列的尾部分布特征，更加适用于时间序列的波动性分析和预测。它的基本思想为：条件方差是模型中均值方程的残差平方项的 p 期滞后值和前一期条件方差的 q 期滞后值的线性组合。GARCH 模型（Lin、Engle 和 Ito，1994）形式如式(4-1)所示：

$$\Phi(L)Y_t = \Theta(L)u_t \quad t = 1, 2, \cdots, T \quad u_t \mid I_{t-1} \sim N(0, \sigma_t^2)$$

$$\sigma_t^2 = \alpha_0 + \sum_{s=1}^{p} \alpha_s u_{t-s}^2 + \sum_{L=1}^{q} \beta_1 \sigma_{t-1}^2 \qquad (4-1)$$

其中，$\Phi(L) = 1 - \phi_1 L - \phi_2 L^2 - \cdots - \phi_m L^m$；$\Theta(L) = 1 + \theta_1 L + \theta_2 L^2 + \cdots + \theta_n L^n$；$L$ 为一阶滞后算子，T 为样本容量，u_t 表示随机误差，它服从方差为 σ^2 的正态分布，L_{t-1} 为时间 $t-1$ 上的信息集，σ_t^2 为在 I_{t-1} 条件下 u_t 的条件方差。

由于我们采用金融时序数据（下文以价值链的日收益率为例）描述多个价值链的波动，因此 GARCH（p, q）形式改为：

$$\Phi(L)R_t = \Theta(L)u_t \quad t = 1, 2, \cdots, T \quad u_t \mid I_{t-1} \sim N(0, \sigma_t^2)$$

$$\sigma_t^2 = \alpha_0 + \sum_{s=1}^{p} \alpha_s u_{t-s}^2 + \sum_{L=1}^{q} \beta_1 \sigma_{t-1}^2 \qquad (4-2)$$

（二）价值链风险溢出效应分析

1. 风险溢出效应的基本判断

风险溢出效应的基本判断是指单个金融市场的波动能否传递到另一个金融市场，即是否存在风险溢出。因此，在判断价值链间的风险溢出效应之前，首先应确定价值链的日收益率 t 期的波动 V_t，它是通过日收益率 R_t 推导得出的，V_t 与 R_t 之间的关系如式（4-3）所示：

$$V_t = [R_t - E(R_t)]^2 \qquad (4-3)$$

其中，$E(R_t)$ 为 t 期的价值链的日收益率 R^t 的期望值。

为了判断单个价值链的日收益率的波动 V_t 对一个价值链的日收益率 R_t 是否存在风险溢出，可以将 V_t 作为 R_t 的解释变量，因此，式

（4-2）改为：

$$\Phi(L)R_t = \Theta(L)u_t + cV_t \quad t = 1,2,\cdots,T \quad u_t \mid I_{t-1} \sim N(0,\sigma_t^2)$$

$$\sigma_t^2 = \alpha_0 + \sum_s^p = 1\alpha_s u_{t-s}^2 + \sum_L^q = 1\beta_1\sigma_{t-1}^2 \tag{4-4}$$

其中，c 为变量 V_t 的参数。

在给定的显著水平下，如果参数 c 显著不为零，说明单个价值链的日收益率的波动 V_t 对一个价值链的日收益率 R_t 存在风险溢出；如果参数 c 显著为零，则说明不存在风险溢出。

2. 共同风险溢出分析

共同风险溢出主要研究多个金融市场是否对一个金融市场产生共同风险溢出，这种风险溢出可能存在于不同类型的金融市场之间，也可能存在于不同地区的金融市场之间。但本书的主要研究对象是价值链而不是金融市场，因此重新定义共同风险溢出：指与一个价值链存在相互影响的多个价值链的波动通过共同作用传递到一个价值链。

通过式（4-3）我们已经能够判断单个价值链对一个价值链的风险溢出，但这种方法不能同时反映一个价值链受到多个价值链的风险溢出影响的真实情况。这是因为影响一个价值链的多个价值链的波动之间必然存在着一定的相关关系，如果同时将多个价值链波动的数据作为一个价值链的解释变量 V_t 来研究对这个价值链的共同风险溢出，必定会引起波动数据的多重共线性问题，其结果是不能有效地判断共同风险溢出。因此，我们采用独立成分分析法，将多个价值链的波动数据进行线性分解后得到统计独立的成分，用所得到的独立成分的数据替代多个价值链的波动数据，这样能够彻底避免波动数据的多重共线性问题，从而客观真实地判断多个价值链对一个价值链是否存在共同风险溢出效应。因此，将 k 条价值链的日收益率的波动 V_{1t}，…，V_{kt} 通过独立成分分析转化成新指标 s_{1t}，…，s_{kt}，式（4 - 3）改为：

$$\Phi(L)R_{it} = \Theta(L)u_{it} + d_1 s_{i,1t} + d_2 s_{i,2t} + \cdots + d_k s_{i,kt} \quad t = 1,2,\cdots,T$$

$$u_t \mid I_{t-1} \sim N(0,\sigma_{it}^2) \quad k = 1,2,\cdots,n$$

$$\sigma_{it}^2 = \alpha_{i0} + \sum_{s=}^{p} 1\alpha_{is}u_{it-s}^2 + \sum_{L=}^{q} 1\beta_{i1}\sigma_{it-1}^2 \tag{4-5}$$

其中，s_{kt} 为多个价值链波动数据的第 k 个独立成分，任何一个 s_{kt} 都包含着 k 个价值链日收益率波动的信息，由此可知，独立成分 s_{kt} 均可以作为一个价值链日收益率 R_t 的解释变量，从而研究多个价值链日收益率对一个价值链日收益率的共同风险溢出效应。

在给定的显著水平下，如果任何一个参数 d_i 显著不为零，说明 k 个价值链日收益率对一个价值链日收益率 R_t 存在共同风险溢出效应；如果全部参数 d_i 显著为零，则说明不存在共同风险溢出效应。

四　实证研究

（一）不同股票市场间旅游业价值链的风险溢出效应研究

1. 数据选取

我们以 2008 年 1 月 3 日至 2012 年 9 月 28 日的上海、深圳、中国香港、韩国、新加坡证券交易所挂牌上市的旅游业上市公司的日收盘价为原始数据。在研究价值链的风险溢出效应时采用市场指标，以旅游业价值链的日收益率作为考察变量，为了减少误差，将日收盘价转

换为日收益率 $R_t = \ln P_t - \ln P_{t-1}$，其中 P 为日收盘价。由于不同国家或地区存在时差以及开盘日期的不同，通过一般加权的方法将各个股票市场的旅游业上市公司的日收益率进行预处理，最终得到1129期数据。在选取上海、深圳股票市场旅游业上市公司样本公司时，我们参照了下面的标准：

（1）样本公司均为在我国沪、深股票市场上市的旅游类公司（见表2－1）；

（2）剔除研究期间发生非正常交易的上市公司；

（3）剔除沪深A股之外的所有上市公司；

（4）所选取的上市公司必须在整个研究期间持续存在并正常交易。

2. 描述性统计分析

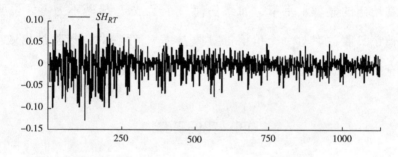

图4－1　沪市旅游业价值链的日收益率 SH_{RT} 波动

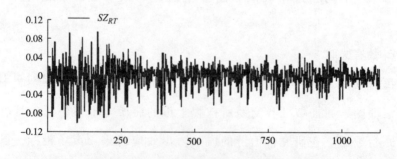

图4－2　深市旅游业价值链的日收益率 SZ_{RT} 波动

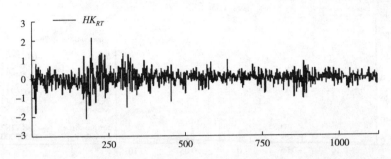

图 4 - 3　中国香港股票市场旅游业价值链的日收益率 HK_{RT} 波动

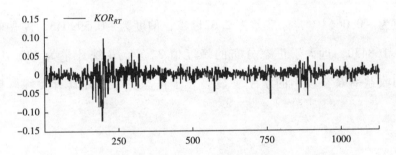

图 4 - 4　韩国股票市场旅游业价值链的日收益率 KOR_{RT} 波动

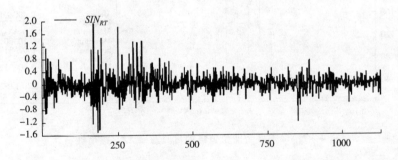

图 4 - 5　新加坡股票市场旅游业价值链的日收益率 SIN_{RT} 波动

由图 4 - 1 至图 4 - 5 可以看出，上海、深圳、中国香港、韩国、新加坡股市的旅游业价值链日收益率的波动表现出明显的时变性、集簇性、突发性的特征。

由图 4 - 6 可以看出，样本期内沪市旅游业价值链的日收益率 SH_{RT}

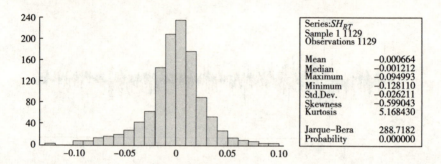

图 4 – 6　沪市旅游业价值链的日收益率 SH_{RT} 描述性统计

均值为 – 0. 0664% ，标准差为 2. 6211% ，偏度为 – 0. 599043 ，左偏峰度
为 5. 168430 ，远大于正态分布的峰度值 3 ，且 JB 统计量为 242. 7073 ，
说明收益率 R 在极小的水平下显著异于正态分布，并具有尖峰厚尾的
特征。

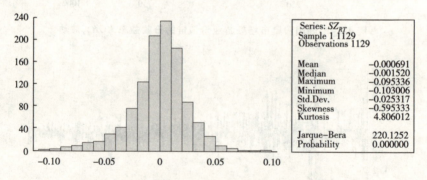

图 4 – 7　深市旅游业价值链的日收益率 SZ_{RT} 描述性统计

由图 4 – 7 可以看出，样本期内深市旅游业价值链的日收益率 SH_{RT}
均值为 – 0. 0691% ，标准差为 2. 5317% ，偏度为 – 0. 595333 ，左偏峰度
为 4. 806012 ，远大于正态分布的峰度值 3 ，且 JB 统计量为 220. 1252 ，
说明收益率 R 在极小的水平下显著异于正态分布，与沪市具有相似的
尖峰厚尾特征。

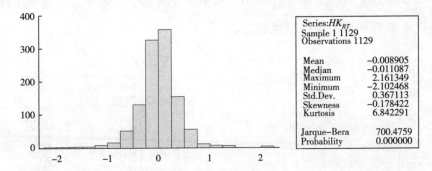

图 4 - 8　中国香港股票市场旅游业价值链的日收益率 HK_{RT} 描述性统计

由图 4 - 8 可以看出，样本期内香港股票市场旅游业价值链的日收益率 SH_{RT} 均值为 - 0.8905%，标准差为 36.7113%，偏度为 - 0.178422，左偏峰度为 6.842291，远高于正态分布的峰度值 3，且 JB 统计量为 700.4756，说明收益率 R 在极小的水平下显著异于正态分布，比沪市、深市的尖峰厚尾特征更加显著。

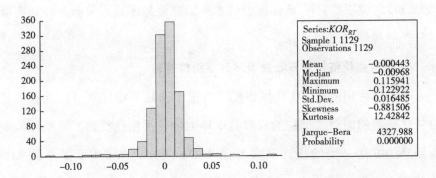

图 4 - 9　韩国股票市场旅游业价值链的日收益率 KOR_{RT} 描述性统计

由图 4 - 9 可以看出，样本期内韩国股票市场旅游业价值链的日收益率 SH_{RT} 均值为 - 0.0443%，标准差为 1.6485%，偏度为 - 0.881506，左偏峰度为 12.42842，远远高于正态分布的峰度值 3，且 JB 统计量为

4327.988，说明收益率 R 在极小的水平下显著异于正态分布，与中国香港股市具有相似的尖峰厚尾特征。

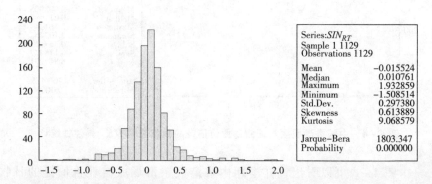

图 4 - 10　新加坡股票市场旅游业价值链的日收益率 SIN_{RT} 描述性统计

由图 4 - 10 可以看出，样本期内新加坡旅游业价值链的日收益率 SH_{RT} 均值为 1.5524% ，标准差为 29.738% ，偏度为 0.613889，右偏峰度为 9.068579，远远高于正态分布的峰度值 3，且 JB 统计量为 1803.347，说明收益率 R 在极小的水平下显著异于正态分布，并具有非常显著的尖峰厚尾的特征。

3. 旅游业价值链的日收益率序列平稳性检验

本书所使用的 GARCH 模型要求数据序列是平稳序列，因此在实证分析之前我们需对价值链的日收益率序列进行平稳性检验。平稳性检验所用到的方法是美国统计学家 D. A. Dickey 和 W. A. Fuller 提出的 ADF 检验法，也称 ADF 单位根检验。

从之前的描述性统计分析中可以看出，价值链的日收益率序列一直在均值周围波动，因此，在进行 ADF 检验时选择滞后 4 阶，结果如表 4 - 1 - 表 4 - 5 所示。

表 4 – 1 沪市旅游业价值链的日收益率 SH_{RT} 的 ADF 单位根检验结果

Null Hypothesis：SH_{RT} has a unit root

Exogenous：Constant

Lag Length：4 （Fixed）

		t – Statistic	Prob.
Augmented Dickey – Fuller test statistic		– 15. 75833	0. 0000
Test critical values：	1% level	– 3. 435952	
	5% level	– 2. 863902	
	10% level	– 2. 568078	

表 4 – 2 深市旅游业价值链的日收益率 SZ_{RT} 的 ADF 单位根检验结果

Null Hypothesis：SZ_{RT} has a unit root

Exogenous：Constant

Lag Length：4 （Fixed）

		t – Statistic	Prob.
Augmented Dickey – Fuller test statistic		– 15. 38423	0. 0000
Test critical values：	1% level	– 3. 435952	
	5% level	– 2. 863902	
	10% level	– 2. 568078	

表 4 – 3 中国香港股票市场旅游业价值链的日收益率 HK_{RT} 的 ADF 单位根检验结果

Null Hypothesis：HK_{RT} has a unit root

Exogenous：Constant

Lag Length：4 （Fixed）

		t – Statistic	Prob.
Augmented Dickey – Fuller test statistic		– 13. 21149	0. 0000
Test critical values：	1% level	– 3. 435952	
	5% level	– 2. 863902	
	10% level	– 2. 568078	

表 4 - 4　韩国股票市场旅游业价值链的日收益率 KOR_{RT} 的 ADF 单位根检验结果

Null Hypothesis：KOR_{RT} has a unit root

Exogenous：Constant

Lag Length：4（Fixed）

		t – Statistic	Prob.
Augmented Dickey – Fuller test statistic		– 15. 39180	0. 0000
Test critical values：	1% level	– 3. 435952	
	5% level	– 2. 863902	
	10% level	– 2. 568078	

表 4 - 5　新加坡股票市场旅游业价值链的日收益率 SIN_{RT} 的 ADF 单位根检验结果

Null Hypothesis：SIN_{RT} has a unit root

Exogenous：Constant

Lag Length：4（Fixed）

		t – Statistic	Prob.
Augmented Dickey – Fuller test statistic		– 14. 82416	0. 0000
Test critical values：	1% level	– 3. 435952	
	5% level	– 2. 863902	
	10% level	– 2. 568078	

从表 4 - 1 至表 4 - 5 的 ADF 单位根检验的结果来看，在 1% 显著性水平下对应的 t 检验统计量值为 – 3.435952，而上述价值链的日收益率的 ADF 检验所对应的 t 检验统计量值均远远小于相应临界值，因此说明上海、深圳、中国香港、韩国、新加坡股票市场旅游业价值链的日收益率序列均为平稳序列。

4. 旅游业价值链的日收益率 GARCH 模型估计

在计算旅游业价值链的日收益率波动之前，首先要根据式（4 - 2）分别对上海、深圳、中国香港、韩国、新加坡股票市场旅游业价值链的日收益率数据进行建模和参数估计。需要估计的参数分别是：均值方程中的参数 m、n；方差方程中的 p、q，具体参数估计方法如下：

（1）均值方程中参数 m、n 的估计

首先根据各市场旅游业价值链的日收益率数据的自相关图和偏自相关图的性质初步判断参数 m、n 的值（以沪市旅游业价值链为例）。

Sample: 1 1129
Included observations: 1129

Autocorrelation	Partial Correlation		AC	PAC	Q-Stat	Prob
		1	0.065	0.065	4.7254	0.030
		2	-0.030	-0.035	5.7609	0.056
		3	0.046	0.050	8.1386	0.043
		4	0.007	-0.000	8.1961	0.085
		5	-0.083	-0.081	16.055	0.007
		6	-0.065	-0.057	20.925	0.002
		7	0.010	0.012	21.036	0.004
		8	0.038	0.041	22.645	0.004
		9	-0.005	-0.003	22.674	0.007
		10	0.017	0.013	22.989	0.011

图 4 - 11　沪市旅游业价值链日收益率数据的自相关图和偏自相关图

由图 4 - 11 可以看出，自相关图和偏自相关图延迟 1 阶之后，（偏）自相关系数随后衰减到 2 倍标准差范围内波动，从 AC 值和 PAC 值也可以看出，1 阶对应的 AC 值、PAC 值均大于 0.05，这表明数据序列明显的短期相关。但数据序列由显著的（偏）自相关系数衰减为小值波动的过程相当连续、缓慢，该（偏）自相关系数为不截尾，m、n 都为 1，也就是说初步判断均值方程为 ARMA（1，1）。

通过自相关图和偏自相关图初步确定参数 m、n 都为 1 之后，再通过建立模型估计参数，最终确定参数 m、n 的值。

在 1% 显著性水平下，t 检验统计量的临界值为 2.581；在 5% 显著性水平下，t 检验统计量的临界值为 1.962；在 10% 显著性水平下，t 检验统计量的临界值为 1.646。从表 4 - 6 可以看出，AR（1）、MA（1）对应的 t 检验统计量值为均可以达到 5% 的显著性水平，其伴随概率 P 也都

表 4 – 6 沪市旅游业价值链的日收益率序列的 ARMA 模型估计结果

Dependent Variable: SH_{RT}

Method: Least Squares

Date: 10/17/13 Time: 22: 30

Sample (adjusted): 2 1129

Included observations: 1128 after adjustments

Convergence achieved after 20 iterations

Backcast: 1

Variable	Coefficient	Std. Error	t – Statistic	Prob.
AR (1)	– 0. 494053	0. 245868	– 2. 009422	0. 0447
MA (1)	0. 563463	0. 233600	2. 412081	0. 0160

小于 0.05，说明沪市旅游业价值链的日收益率数据建立的均值方程中对应的参数 m，n 值都为 1。

按照上述方法，分别对深圳、中国香港、韩国、新加坡旅游业价值链的日收益率数据建模并进行参数估计，均值方程中的 m，n 值分别为 2，2；2，1；2，1；1，1。

（2）ARCH 效应检验

对方差方程中的参数 p，q 进行估计之前，还需对各市场旅游业价值链的日收益率序列的残差进行 ARCH – LM 检验，检验利用 GARCH 模型拟合波动数据的合理性，其结果见表 4 – 7 – 表 4 – 11 所示。

表 4 – 7 沪市旅游业价值链的日收益率残差的 $ARCH_{LM}$ Test 结果

ARCH Test:

F – statistic	20. 46735	Probability	0. 000000
Obs $\times R$ – squared	174. 4527	Probability	0. 000000

表 4 – 8 深市旅游业价值链的日收益率残差的 $ARCH_{LM}$ Test 结果

ARCH Test:

F – statistic	14. 07342	Probability	0. 000000
Obs $\times R$ – squared	126. 0895	Probability	0. 000000

表4-9　香港股票市场价值链的日收益率残差的 $ARCH_{LM}$ Test 结果

ARCH Test：

F – statistic	20.04163	Probability	0.000000
Obs $\times R$ – squared	171.3581	Probability	0.000000

表4-10　韩国股票市场价值链日的收益率残差的 $ARCH_{LM}$ Test 结果

ARCH Test：

F – statistic	54.62038	Probability	0.000000
Obs $\times R$ – squared	369.2702	Probability	0.000000

表4-11　新加坡股市市场价值链的日收益率残差的 $ARCH_{LM}$ Test 结果

ARCH Test：

F – statistic	9.537350	Probability	0.000000
Obs $\times R$ – squared	88.68091	Probability	0.000000

$ARCH_{LM}$ 检验中的 F 统计量检验用来衡量滞后的残差平方的整体显著性，而 $obs \times R^2$ 统计量则是拉格朗日乘数（LM）检验统计量。从表4-7至表4-11可以看出，在给定的5%显著水平和滞后10阶的条件下，5个LM值远大于给定的值18.307，其伴随概率 P 均为0，也远小于0.05，说明采用 GARCH 模型拟合各市场旅游业价值链的日收益率波动数据是非常合理的。

（3）方差方程中参数 p，q 的估计

参数 p，q 的估计是根据赤池信息量（AIC）准则确定的，它是用来衡量统计学模型拟合优良性和复杂度的一种标准，特别是在解决时间序列定阶问题时被广泛使用，其定义为：AIC = （-2）ln（模型的极大似然函数）+2（模型的独立参数个数）。

运用 Matlab R2011b 软件得到沪市旅游业价值链的日收益率，采用 GARCH（1，1）模型；深市旅游业价值链的日收益率采用 GARCH（1，1）

模型；中国香港股票市场旅游业的价值链的日收益率采用 GARCH（1，1）
模型；韩国股票市场旅游业价值链的日收益率采用 GARCH（1，1）模型；
新加坡股票市场旅游业价值链的日收益率采用 GARCH（2，1）模型。通过
Eviews 5.0 检验 GARCH 模型的估计结果如表 4-12 至 4-16 所示。

表 4-12　沪市旅游业价值链的日收益率 GARCH（1，1）模型检验结果

Dependent Variable：SH_{RT}
Method：ML-ARCH（Marquardt）-Normal distribution
Date：10/17/13　Time：22：39
Sample：1 1129
Included observations：1129
Convergence achieved after 14 iterations
Variance backcast：ON
GARCH = C（1）+C（2）×RESID（-1）^2+C（3）×GARCH（-1）

	Coefficient	Std. Error	z-Statistic	Prob.
Variance Equation				
C	8.06E-06	2.46E-06	3.271687	0.0011
RESID（-1）^2	0.081085	0.013459	6.024428	0.0000
GARCH（-1）	0.906142	0.013610	66.57946	0.0000

表 4-13　深市旅游业价值链的日收益率 GARCH（1，1）模型检验结果

Dependent Variable：SZ_{RT}
Method：ML-ARCH（Marquardt）-Normal distribution
Date：10/17/13　Time：22：40
Sample：1 1129
Included observations：1129
Convergence achieved after 16 iterations
Variance backcast：ON
GARCH = C（1）+C（2）×RESID（-1）^2+C（3）×GARCH（-1）

Coefficient	Std. Error	z-Statistic	Prob.	
Variance Equation				
C	1.59E-05	2.96E-06	5.371728	0.0000
RESID（-1）^2	0.086463	0.011604	7.450878	0.0000
GARCH（-1）	0.888704	0.011926	74.51553	0.0000

表 4 - 14　中国香港股票市场旅游业价值链的日收益率 GARCH（1，1）模型检验结果

Dependent Variable：HK_{RT}

Method：ML - ARCH（Marquardt）- Normal distribution

Date：10/17/13　Time：22：40Sample：1 1129

Included observations：1129

Convergence achieved after 12 iterations

Variance backcast：ON

GARCH = C（1）+ C（2）× RESID（-1）^2 + C（3）× GARCH（-1）

	Coefficient	Std. Error	z - Statistic	Prob.	
		Variance Equation			
C	0.003391	0.000848	3.997691	0.0001	
RESID（-1）^2	0.107846	0.015093	7.145417	0.0000	
GARCH（-1）	0.866195	0.018176	47.65672	0.0000	

表 4 - 15　韩国股票市场旅游业价值链的日收益率 GARCH（1，1）模型检验结果

Dependent Variable：HK_{RT}

Method：ML - ARCH（Marquardt）- Normal distribution

Date：10/17/13　Time：22：40

Sample：1 1129

Included observations：1129

Convergence achieved after 12 iterations

Variance backcast：ON

GARCH = C（1）+ C（2）× RESID（-1）^2 + C（3）× GARCH（-1）

	Coefficient	Std. Error	z - Statistic	Prob.	
		Variance Equation			
C	7.05E - 06	1.80E - 06	3.927063	0.0001	
RESID（-1）^2	0.141311	0.019295	7.323657	0.0000	
GARCH（-1）	0.830681	0.020300	40.91964	0.0000	

表 4 - 16　新加坡股票市场旅游业价值链的日收益率 GARCH（2，1）模型检验结果

Dependent Variable：SIN_{RT}

Method：ML – ARCH（Marquardt）– Normal distribution

Date：10/17/13　Time：22：42

Sample：1 1129

Included observations：1129

Convergence achieved after 15 iterations

Variance backcast：ON

GARCH = C（1）+ C（2）× RESID（－1）^2 + C（3）× RESID（－2）^2 + C（4）× GARCH（－1）

Coefficient	Std. Error	z – Statistic	Prob.	
Variance Equation				
C	0.000644	0.000189	3.401284	0.0007
RESID（－1）^2	0.202779	0.026403	7.680235	0.0000
RESID（－2）^2	－ 0.146306	0.025516	－ 5.733948	0.0000
GARCH（－1）	0.936096	0.007656	122.2657	0.0000

从表 4 - 12 至表 4 - 16 的检验结果来看，GARCH 模型的系数之和均小于 1，而且各个系数也都大于 0，满足了 GARCH 模型的约束条件；而且模型各系数所对应的 z 检验统计量值均大于 1% 显著水平条件下给定的值 2.58，并且伴随概率 p 均小于 0.01，说明沪市、深市、中国香港、韩国、新加坡股票市场旅游业价值链日收益率 GARCH 模型拟合效果极好。

5. 旅游业价值链的风险溢出分析

首先根据式（4 - 3）分别计算上海（sh）、深圳（sz）、香港（hk）、韩国（kor）、新加坡（sin）股票市场旅游业价值链的日收益率各时期的波动 V_{it}（$i = sh$，sz，hk，kor，sin）。再通过式（4 - 4），将 $V_{sz,t}$，$V_{hk,t}$，$V_{kor,t}$，$V_{sin,t}$ 分别代入沪市旅游业价值链日收益率 GARCH（1，1）模型方程中的均值方程；$V_{sh,t}$，$V_{hk,t}$，$V_{kor,t}$，$V_{sin,t}$ 分别代

入深圳旅游业价值链的日收益率GARCH（1，1）模型方程中的均值方程；将 $V_{sin,t}$ 代入韩国股票市场旅游业价值链的日收益率 GARCH（1，1）模型方程中的均值方程，并进行参数估计并给出 t 检验统计量值，其结果如表4－17所示。

表 4 – 17　V_{it}的参数估计值及 t 检验统计量值

	$V_{sh,t}$	$V_{sz,t}$	$V_{hk,t}$	$V_{kor,t}$	$V_{sin,t}$
上海		− 5.109（− 9.424）	0.023（11.707）	0.369（7.911）	− 0.001（− 0.357）
深圳	− 4.116（− 8.600）		− 0.007（− 3.400）	− 2.106（− 2.703）	− 0.000（− 0.0396）
韩国					− 0.003（− 1.723）

注：表中数值均保留三位有效小数。

在 1% 显著性水平下，对于沪市旅游业价值链的日收益率 GARCH 方程，$V_{sz,t}$，$V_{hk,t}$，$V_{kor,t}$所对应的参数均显著不为零，说明深圳、中国香港、韩国股票市场旅游业价值链的日收益率均对沪市旅游业价值链的日收益率产生风险溢出效应；对于深市旅游业价值链的日收益率 GARCH 方程，$V_{sh,t}$，$V_{hk,t}$，$V_{kor,t}$所对应的参数均显著不为零，说明上海、中国香港、韩国股票市场旅游业价值链的日收益率对深市旅游业价值链的日收益率产生风险溢出效应；在 10% 显著性水平下，对于韩国股票市场旅游业价值链的日收益率 GARCH 方程，$V_{sin,t}$所对应的参数不为零，说明新加坡股票市场旅游业价值链的日收益率对深市旅游业价值链的日收益率产生风险溢出效应。虽然新加坡股票市场旅游业价值链的日收益率未对沪市、深市旅游业价值链的日收益率产生明显的风险溢出效应，但是由于它对韩国股票市场旅游业价值链的日收益率产生风险溢出，说明新加坡股票市场旅游业价值链的日收益率也间接地对我国沪市、深市产生风险溢出效应。

6. 旅游业价值链的共同风险溢出分析

在分析旅游业价值链的共同风险溢出之前，我们要采用独立成分分析法，将各股票市场旅游业价值链的波动数据进行线性分解，得到各独立成分并计算出其各时期的数据。

首先，采用独立成分分析法，分别对旅游业价值链的日收益率的波动数据 $V_{sz,t}$，$V_{hk,t}$，$V_{kor,t}$，$V_{sin,t}$ 和 $V_{sh,t}$，$V_{hk,t}$，$V_{kor,t}$，$V_{sin,t}$ 进行独立成分分析。$V_{sz,t}$，$V_{hk,t}$，$V_{kor,t}$，$V_{sin,t}$ 所对应的解混矩阵 W_{sh} 为：

$$W_{sh} = \begin{bmatrix} 108.42 & -0.62 & -212.27 & 4.24 \\ -50.82 & -0.83 & 1180.73 & 0.06 \\ -140.89 & 3.49 & -177.73 & -0.63 \\ 811.90 & -0.09 & 27.57 & -0.96 \end{bmatrix}$$

解混矩阵中的每一行代表一个独立成分，在解混矩阵 W_{sh} 中，第一独立成分 $s_{sh,1}$ 中 $V_{sz,t}$，$V_{kor,t}$ 所对应的权重较大，$V_{sz,t}$ 的权重为正数，$V_{kor,t}$ 的权重为负数，说明第一独立成分主要用来度量深圳、中国香港股票市场旅游业价值链的日收益率波动之差；第二独立成分 $s_{sh,2}$ 中 $V_{kor,t}$ 所对应的权重最大，说明第二独立成分主要用来度量韩国股票市场旅游业价值链的日收益率波动；第三独立成分 $s_{sh,3}$ 中 $V_{sz,t}$，$V_{kor,t}$ 所对应的权重较大，且均为负数，说明第三独立成分主要用来度量深圳、中国香港股票市场旅游业价值链的日收益率波动之和；第四独立成分 $s_{sh,4}$ 中 $V_{sz,t}$ 所对应的权重最大，说明第四独立成分主要用来度量深市旅游业价值链的日收益率波动。

$$W_{sz} = \begin{bmatrix} 74.28 & -0.60 & 210.33 & 4.27 \\ 120.20 & -3.35 & 30.98 & 0.64 \\ 36.88 & 1.26 & -1193.52 & -0.13 \\ -723.15 & 0.09 & -38.43 & 0.83 \end{bmatrix}$$

在解混矩阵 W_{sz} 中，第一独立成分 $s_{sz,1}$ 中 $V_{kor,t}$ 所对应的权重最大，说明第一独立成分主要用来度量韩国股票市场旅游业价值链的日收益率波动；第二独立成分 $s_{sz,2}$ 中 $V_{sz,t}$ 所对应的权重最大，说明第二独立成分主要用来度量深市旅游业价值链的日收益率波动；第三独立成分 $s_{sz,3}$ 中 $V_{kor,t}$ 所对应的权重最大，说明第三独立成分主要用来度量韩国股票市场旅游业价值链的日收益率波动；第四独立成分 $s_{sz,4}$ 中 $V_{sz,t}$ 所对应的权重最大，说明第四独立成分主要用来度量深市旅游业价值链的日收益率波动。

运用独立成分分析法计算出独立成分因子数据 $s_{i,1t}$，$s_{i,2t}$，$s_{i,3t}$，$s_{i,4t}$（其中 $i=sh$，sz）后，再根据式（4-5），将 $s_{sh,1t}$，$s_{sh,2t}$，$s_{sh,3t}$，$s_{sh,4t}$ 代入沪市旅游业价值链 GARCH 模型的均值方程中；将 $s_{sz,1t}$，$s_{sz,2t}$，$s_{sz,3t}$，$s_{sz,4t}$ 代入深市旅游业价值链 GARCH 模型的均值方程中，并进行参数估计，且给出 t 检验统计量值，结果如表4-18所示。

表4-18　$s_{i,kt}$ 的参数估计值及 t 检验统计量值

	$s_{i,1t}$	$s_{i,2t}$	$s_{i,3t}$	$s_{i,4t}$
$i=$ 上海	0.000218（0.30）	-0.000448（-0.59）	-0.000330（-0.45）	-0.006689（-9.53）
$i=$ 深圳	0.001024（1.46）	0.000786（1.12）	0.000473（0.66）	0.006174（9.15）

在5%显著性水平下，对于沪市旅游业价值链的日收益率 GARCH 方程，$s_{sh,4t}$ 的参数显著不为零，说明深圳、中国香港、韩国、新加坡股票市场旅游业价值链的日收益率对沪市旅游业价值链的日收益率产生共

同风险溢出效应；对于深市旅游业价值链的日收益率 GARCH 方程，$s_{sz,4t}$ 的参数显著不为零，说明上海、中国香港、韩国、新加坡股票市场旅游业价值链的日收益率对深市旅游业价值链的日收益率产生共同风险溢出效应。上海、深圳、中国香港、韩国、新加坡作为亚洲重要的旅游市场具有特殊的地理位置以及长期的经济联系与合作，使得国家或地区之间的旅游业发展发生了紧密的联系。

（二）　国内部分行业价值链对旅游业价值链的风险溢出效应研究

1. 基于市场指标的旅游业价值链风险溢出效应研究

（1）数据选取

我们以 2008 年 1 月 3 日至 2012 年 12 月 31 日在国内证券交易所挂牌上市的旅游业、道路运输业、航空运输业、零售业、食品制造业以及酒、饮料、茶业的上市公司日收盘价作为原始数据。同时，在研究价值链的风险溢出效应时采用市场指标，以各行业价值链的日收益率作为考察变量，为了减少误差，将日收盘价转换为日收益率 $R_t = \ln P_t - \ln P_{t-1}$，其中 P 为日收盘价，最终得到 1218 期数据。在选取样本公司时，我们参照了下面的标准：

①剔除研究期间发生非正常交易的上市公司；

②剔除沪深 A 股之外的所有上市公司；

③所选取的上市公司必须在整个研究期间持续存在并正常交易。

（2）描述性统计分析

由图 4 - 12 至图 4 - 17 可以看出，旅游业、道路交通输运业、航空运输业、食品制造业、零售业和酒、饮料、茶业价值链的日收益率的波动表现出显著的时变性、集簇性、突发性的特征。

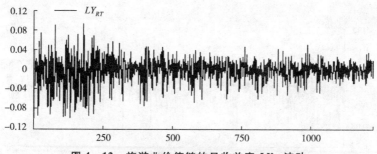

图 4 – 12　旅游业价值链的日收益率 LY_{RT} 波动

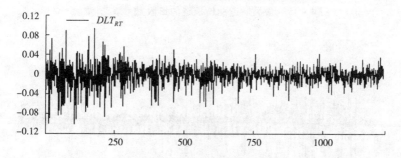

图 4 – 13　道路运输业价值链的日收益率 DLT_{RT} 波动

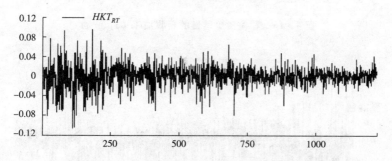

图 4 – 14　航空运输业价值链的日收益率 HKT_{RT} 波动

　　由图 4 – 18 可以看出，样本期内旅游业价值链的日收益率 LY_{RT} 均值为 – 0.0656%，标准差为 2.4598%，偏度为 – 0.604253，左偏峰度为 5.098009，远大于正态分布的峰度值 3，且 JB 统计量为 297.5030，说明收益率 R 在极小的水平下显著异于正态分布，并具有尖峰厚尾的特征。

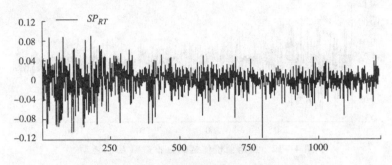

图 4－15　食品制造业价值链的日收益率 SP_{RT} 波动

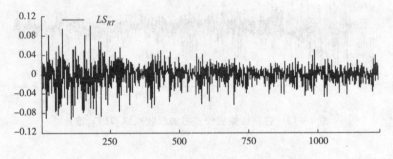

图 4－16　零售业价值链的日收益率 LS_{RT} 波动

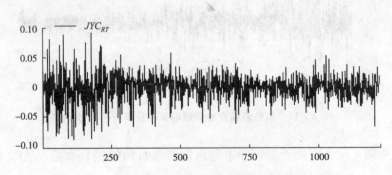

图 4－17　酒、饮料、茶业价值链的日收益率 JYC_{RT} 波动

由图 4－19 可以看出，样本期内道路运输业价值链的日收益率 DLT_{RT} 均值为 －0.0919%，标准差为 2.0859%，偏度为 －0.629710，左偏峰度为

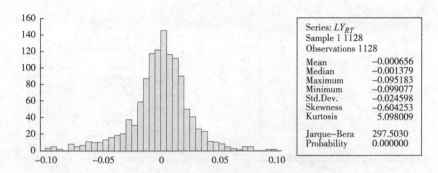

图 4 – 18　旅游业价值链的日收益率 LY_{RT} 描述性统计

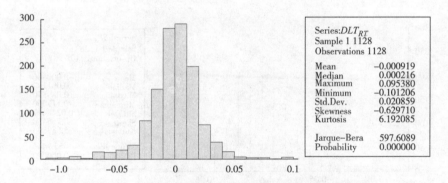

图 4 – 19　道路运输业的价值链日收益率 DLT_{RT} 描述性统计

6.192085，远大于正态分布的峰度值 3，且 JB 统计量为 597.6089，说明收益率 R 在极小的水平下显著异于正态分布，并具有尖峰厚尾的特征。

由图 4 – 20 可以看出，样本期内航空运输业价值链的日收益率 HKT_{RT} 的均值为 – 0.0895%，标准差为 2.2518%，偏度为 – 0.443989，左偏峰度为 5.353678，远大于正态分布的峰度值 3，且 JB 统计量为 321.1616，说明收益率 R 在极小的水平下显著异于正态分布，并具有尖峰厚尾的特征。

由图 4 – 21 可以看出，样本期内食品制造业价值链的日收益率 SP_{RT}

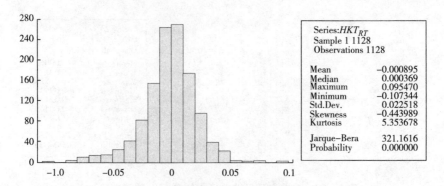

图4-20 航空运输业价值链的日收益率 HKT_{RT} 描述性统计

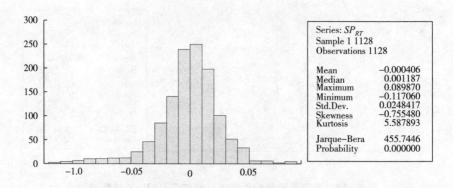

图4-21 食品制造业价值链的日收益率 SP_{RT} 描述性统计

均值为 -0.0406%，标准差为2.4817%，偏度为 -0.755480，左偏峰度为 5.587893，远大于正态分布的峰度值3，且 JB 统计量为455.7446，说明收益率 R 在极小的水平下显著异于正态分布，并具有尖峰厚尾的特征。

由图4-22可以看出，样本期内零售业价值链的日收益率 LS_{RT} 的均值为 -0.0046%，标准差为2.1981%，偏度为 -0.523557，左偏峰度为 5.446032，远大于正态分布的峰度值3，且 JB 统计量为359.2855，说明收益率 R 在极小的水平下显著异于正态分布，并具有尖峰厚尾的特征。

由图4-23可以看出，样本期内酒、饮料、茶业价值链的日收益率

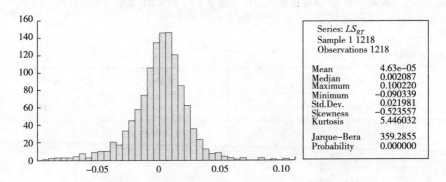

图 4 – 22　零售业价值链的日收益率 LS_{RT} 描述性统计

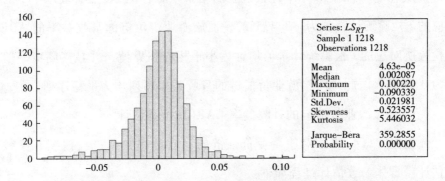

图 4 – 23　酒、饮料、茶业价值链日收益率 JYC_{RT} 描述性统计

JYC_{RT} 均值为 – 0.0409% , 标准差为 2.2489% , 偏度为 – 0.383690 , 左偏峰度为 4.871933 , 远大于正态分布的峰度值 3 , 且 JB 统计量为 207.7202 , 说明收益率 R 在极小的水平下显著异于正态分布，并具有尖峰厚尾的特征。

（3）旅游业价值链的日收益率序列的平稳性检验

通过上述描述性统计分析可以看出，旅游业价值链的日收益率序列一直在均值周围波动，但本书所使用的 GARCH 模型要求数据序列是平稳序列，因此，需进行 ADF 检验（选择滞后 4 阶），其结果如表 4 – 19 所示。

表 4 – 19　旅游业价值链的日收益率 LY_{RT} 的 ADF 单位根检验结果

Null Hypothesis：LY_{RT} has a unit root

Exogenous：Constant

Lag Length：4（Fixed）

		t – Statistic	Prob.
Augmented Dickey – Fuller test statistic		– 15. 86835	0. 0000
Test critical values：	1% level	– 3. 435527	
	5% level	– 2. 863714	
	10% level	– 2. 567978	

　　从表 4 – 19 的 ADF 单位根检验的结果来看，在 1% 显著性水平下对应的 t 检验统计量值为 – 3. 435527，而旅游业价值链的日收益率的 ADF 检验所对应的 t 检验统计量值均远远小于相应临界值，并且伴随概率值为 0. 0000，因此说明旅游业价值链的日收益率序列均为平稳序列。

　　（4）旅游业价值链的日收益率 GARCH 模型估计

　　根据式（4 – 2）对旅游业价值链的日收益率数据进行建模并参数估计。具体参数估计过程如下：

　　① 均值方程中参数 m，n 估计

　　首先根据旅游业价值链的日收益率数据的自相关图和偏自相关图的性质初步判断参数 m，n 的值。

　　由图 4 – 24 可以看出，自相关图和偏自相关图延迟 1 阶之后，（偏）自相关系数随后衰减到 2 倍标准差范围内波动，从 AC 值和 PAC 值也可以看出，1 阶对应的 AC 值、PAC 值均大于 0. 05，这表明数据序列明显的短期相关。但数据序列由显著的（偏）自相关系数衰减为小值波动的过程相当连续和缓慢，该（偏）自相关系数为不截尾，m，n 都为 1，也就是说初步判断均值方程为 ARMA（1，1）。

Correlogram of LY_{RT}

Date: 06/25/13　Time:18：02
Sample:1 12 18
Included observations:1218

Autocorrelation	Partial Correlation		AC	PAC	Q-Stat	Prob
		1	0.066	0.066	5.2621	0.022
		2	−0.044	−0.048	7.6237	0.022
		3	0.041	0.048	9.6965	0.021
		4	0.027	0.019	10.613	0.031
		5	−0.062	−0.061	15.296	0.009
		6	−0.058	−0.050	19.435	0.003
		7	0.010	0.010	19.558	0.007
		8	0.008	0.006	19.627	0.012
		9	0.007	0.014	19.680	0.020
		10	0.020	0.018	20.168	0.028
		11	−0.009	−0.019	20.270	0.042
		12	0.0.38	0.040	22.093	0.036

图 4 - 24　旅游业价值链的日收益率 LY_{RT} 的自相关图和偏自相关

通过自相关图和偏自相关图初步确定参数 m，n 都为 1 之后，再建立模型估计参数，最终确定参数 m，n 的值。

表 4 - 20　旅游业价值链的日收益率序列的 ARMA 模型估计结果

Dependent Variable：LY_{RT}
Method：Least Squares
Date：10/17/13　Time：23：12
Sample（adjusted）：2 1218
Included observations：1217 after adjustments
Convergence achieved after 12 iterations
Backcast：1

Variable	Coefficient	Std. Error	t - Statistic	Prob.
AR（1）	− 0. 473732	0. 229907	− 2. 060542	0. 0396
MA（1）	0. 549057	0. 218251	2. 515712	0. 0120
Inverted AR Roots	− 0. 47			
Inverted MA Roots	− 0. 55			

从表 4 - 20 可以看出，AR（1）、MA（1）分别所对应的 t 检验统计量值均可以达到 5% 显著性水平，其伴随概率 P 也都小于 0.05，说明利用沪市旅游业价值链日收益率数据建立的均值方程中对应的参数 m，n 值都为 1。

② ARCH 效应检验

对方差方程中的参数 p, q 进行估计之前，还需对旅游业价值链日收益率序列的残差进行 ARCH – LM 检验，检验利用 GARCH 模型拟合波动数据的合理性，其结果如表 4 – 21 所示。

表 4 – 21 旅游业价值链的日收益率残差的 ARCH – LM Test 结果

ARCH Test:

F – statistic	18. 87338	Probability	0. 000000
Obs × R – squared	164. 5094	Probability	0. 000000

$obs × R^2$ 远大于给定的值 18. 307，其伴随概率 p 均为 0，也远小于 0. 05，说明采用 GARCH 模型拟合各市场旅游业价值链的日收益率波动的数据是非常合理的。

③ 方差方程中参数 p, q 的估计

采用 AIC 原则并通过 Matlab R2011b 软件得到旅游业价值链的日收益率采用 GARCH (1, 1) 模型，再利用 Eviews 5.0 软件检验 GARCH (1, 1) 模型的估计结果如表 4 – 22 所示。

表 4 – 22 旅游业价值链的日收益率 GARCH (1, 1) 模型检验结果

Dependent Variable: $LY_R T$

Method: ML – ARCH (Marquardt) – Normal distribution

Date: 10/17/13 Time: 23: 16

Sample: 1 1218

Included observations: 1218

Convergence achieved after 19 iterations

Variance backcast: ON

$GARCH = C (1) + C (2) × RESID (-1)^2 + C (3) × GARCH (-1)$

	Coefficient	Std. Error	z – Statistic	Prob.
Variance Equation				
C	9. 71E – 06	2. 23E – 06	4. 361182	0. 0000
RESID $(-1)^2$	0. 081037	0. 010764	7. 528714	0. 0000
GARCH (-1)	0. 902249	0. 010815	83. 42294	0. 0000

从表 4-22 的检验结果来看, GARCH 模型的系数之和均小于 1, 而且各个系数也都大于 0, 满足了 GARCH 模型的约束条件; 而且模型各系数所对应的 z 检验统计量值均大于 1% 显著水平条件下给定的值 2.58, 并且伴随概率 p 均小于 0.01, 说明旅游业价值链的日收益率 GARCH (1, 1) 模型拟合效果极好。

(5) 旅游业价值链的风险溢出分析

首先根据式 (4-3) 分别计算旅游业 (ly)、道路运输业 (dlt)、航空运输业 (hkt)、食品制造业 (sp)、零售业 (ls) 和酒、饮料、茶业 (jyc) 价值链日收益率各时期的波动 V_{it} ($i = ly$, dlt, hkt, sp, ls, jyc)。再通过式 (4-4), 将 $V_{dlt,t}$, $V_{hkt,t}$, $V_{sp,t}$, $V_{ls,t}$, $V_{jyc,t}$ 分别代入旅游业价值链的日收益率 GARCH (1, 1) 模型方程中的均值方程, 并进行参数估计且给出 t 检验统计量值, 其结果如表 4-23 所示。

表 4-23 V_{it} 的参数估计值及 t 检验统计量值

	$V_{dlt,t}$	$V_{hkt,t}$	$V_{sp,t}$	$V_{ls,t}$	$V_{jyc,t}$
ly	-6.089 (-9.582)	-4.841 (-8.191)	-4.151 (-6.601)	-5.578 (-9.097)	-4.782 (-10.145)

注: 表中数值均保留三位有效小数。

在 1% 显著性水平下, 对于旅游业价值链的日收益率 GARCH 方程, $V_{dlt,t}$, $V_{hkt,t}$, $V_{sp,t}$, $V_{ls,t}$, $V_{jyc,t}$ 所对应的参数均显著不为零, 说明道路运输业、航空运输业、食品制造业、零售业以及酒、饮料、茶业价值链的日收益率都对旅游业价值链的日收益率产生风险溢出效应。

(6) 各行业价值链的共同风险溢出分析

首先, 采用独立成分分析法, 分别对道路运输业、航空运输业、酒、饮料、茶业、零售业以及食品制造业价值链的日收益率的波动数据

$V_{dlt,t}$, $V_{hkt,t}$, $V_{jyc,t}$, $V_{ls,t}$, $V_{sp,t}$ 进行独立成分分析。$V_{dlt,t}$, $V_{hkt,t}$, $V_{jyc,t}$, $V_{ls,t}$, $V_{sp,t}$ 所对应的解混矩阵 W_{ly} 为：

$$W_{ly} = \begin{bmatrix} -909.22 & 29.26 & -239.65 & -661.10 \\ 487.49 & 358.93 & -276.85 & 324.83 \\ -597.00 & -475.55 & 1632.26 & -134.332 \\ -1229.45 & 1838.30 & 552.79 & -1053.21 \end{bmatrix}$$

在解混矩阵 W_{ly} 中，第一独立成分 $s_{ly,1}$ 中 $V_{dlt,t}$，$V_{sp,t}$ 所对应的权重较大，$V_{sp,t}$ 的权重为正数，$V_{dlt,t}$ 的权重为负数，说明第一独立成分主要用来度量食品制造业与道路运输业价值链的日收益率波动之差；第二独立成分 $s_{ly,2}$ 中 $V_{dlt,t}$，$V_{hkt,t}$，$V_{ls,t}$ 对应的权重较大，其权重均为正数，说明第二独立成分主要用来度量道路运输业、航空运输业、零售业价值链的日收益率波动之和；第三独立成分 $V_{s_{ly,3}}$ 中 $V_{jyc,t}$ 所对应的权重最大，说明第三独立成分主要用来度量酒、饮料、茶业价值链的日收益率波动；第四独立成分 $s_{ly,4}$ 中 $V_{dlt,t}$，$V_{hkt,t}$，的权重 $V_{dlt,t}$ 为负数，$V_{hkt,t}$ 的权重为正数，说明第四独立成分主要用来度量道路运输业、航空运输业价值链的日收益率波动之差。

采用独立成分分析法，计算出独立成分因子数据 $s_{i,1t}$，$s_{i,2t}$，$s_{i,3t}$，$s_{i,4t}$，其中 $i = ly$。再根据式（4 - 5）将 $s_{sh,1t}$，$s_{sh,2t}$，$s_{sh,3t}$，$s_{sh,4t}$ 代入旅游业价值链 GARCH 模型的均值方程中，并进行参数估计且给出 t 检验统计量值，结果如表 4 - 24 所示。

表 4 - 24 $s_{i,kt}$ 的参数估计值及 t 检验统计量值

	$s_{ly,1t}$	$s_{ly,2t}$	$s_{ly,3t}$	$s_{ly,4t}$
ly	-0.002517（-3.75）	-0.006068（-9.93）	0.000218（0.34）	0.001812（2.69）

　　在 1% 显著性水平下，对于旅游业价值链的日收益率 GARCH 方程，$s_{ly,1t}$，$s_{ly,2t}$，$s_{ly,4t}$ 的参数均显著不为零，说明道路运输业、航空运输业、食品制造业、零售业和酒、饮料、茶业价值链的日收益率对旅游业价值链的日收益率产生显著的共同风险溢出效应。这是由于这些行业几乎都受到相同的基本面因素的影响，并且有着紧密的业务联系。

　　2. 基于财务指标的旅游业价值链风险溢出效应研究

　　（1）数据选取

　　本部分在研究价值链的风险溢出效应时采用财务指标，以各行业价值链净资产收益率（ROE）作为考察变量。以 2003 年 3 月 31 日至 2012 年 12 月 31 日在国内证券交易所挂牌上市的旅游业、道路运输业、航空运输业、零售业、食品制造业以及酒、饮料、茶业的上市公司的净资产收益率为原始数据，经过处理后，最终得到每个行业价值链的 40 期数据。在选取样本公司时，我们参照了下面的标准：

　　①剔除研究期间发生非正常交易的上市公司；

　　②剔除沪深 A 股之外的所有上市公司；

　　③所选取的上市公司必须在整个研究期间持续存在并正常交易。

　　（2）描述性分析

表 4 – 25　各行业价值链净资产收益率描述性统计数值

	Mean	Std. Dev.	Skewness	Kurtosis
旅游业	– 0.000409	0.027398	– 0.016124	1.726215
道路运输业	0.063726	0.029674	0.063112	1.916506
航空运输业	0.049336	0.049081	– 0.0611923	3.335564
食品制造业	0.03089	0.020344	– 1.204661	4.692511
零售业	0.04473	0.033452	– 1.041299	6.76581
酒、饮料、茶业	0.082449	0.043021	0.447486	2.054198

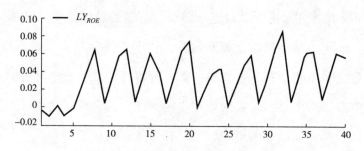

图 4 – 25　旅游业价值链净资产收益率 LY_{ROE} 波动

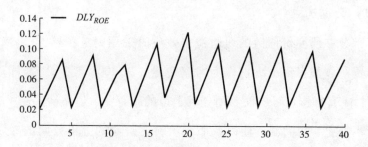

图 4 – 26　道路运输业价值链净资产收益率 DLT_{ROE} 波动

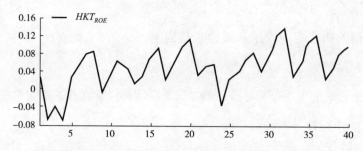

图 4 – 27　航空运输业价值链净资产收益率 HKT_{ROE} 波动

通过图 4 – 25 至图 4 – 27 的描述性统计分析可以看出，旅游业、道路运输业、航空运输业、食品制造业、零售业和酒、饮料、茶业价值链净资产收益率的波动表现出显著的时变性，并且一直在均值周围波动。

（3）旅游业价值链净资产收益率序列的平稳性检验

通过图 4 – 28 和图 4 – 29 描述性统计分析可以看出，旅游业价值链

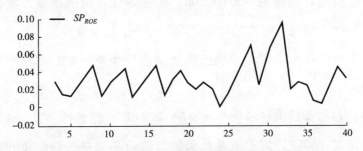

图 4 - 28　食品制造业价值链净资产收益率 SP_{ROE} 波动

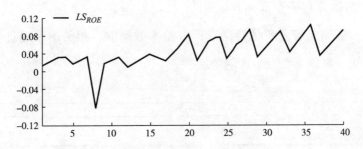

图 4 - 29　零售业价值链净资产收益率 LS_{ROE} 波动

日收益率序列一直在均值周围波动，但我们所使用的 GARCH 模型要求数据序列是平稳序列，因此，需进行 ADF 检验（选择滞后 4 阶），其结果如表 4 - 26 所示。

表 4 - 26　旅游业价值链净资产收益率 LY_{ROE} 的 ADF 单位根检验结果

Null Hypothesis：LY_{ROE} has a unit rootExogenous；ConstantLag Length：4（Fixed）

		t – Statistic	Prob.
Augmented Dickey – Fuller test statistic		– 4. 688142	0. 0006
Test critical values	1% level	– 3. 632900	
	5% level	– 2. 948404	
	10% level	– 2. 612874	

　　从表 4 - 26 的 ADF 单位根检验的结果来看，在 1% 显著性水平下对

应的 t 检验统计量值为 -3.632900，而旅游业价值链净资产收益率的 ADF 检验所对应的 t 检验统计量值均远远小于相应临界值，而且伴随概率值也远小于 0.01，因此说明旅游业价值链净资产收益率序列均为平稳序列。

（4）旅游业价值链净资产收益率 GARCH 模型估计

根据式（4-2）对旅游业价值链日收益率数据进行建模并参数估计。具体参数估计过程如下。

① 均值方程中参数 m，n 估计

首先根据旅游业价值链净资产收益率数据的自相关图和偏自相关图的性质初步判断参数 m，n 的值。

Correlogram of LV_{ROE}						
Date: 06/26/13　Time:11-14						
Sample:140						
Included observations:40						
Autocorrelation	Partial Correlation		AC	PAC	Q-Stat	Prob
		1	0.180	0.180	1.3991	0.237
		2	-0.268	-0.310	4.5669	0.102
		3	0.014	0.152	4.5759	0.206
		4	0.526	0.471	17.510	0.002
		5	-0.053	-0.364	17.644	0.003
		6	-0.361	-0.060	24.070	0.001
		7	-0.113	-0.089	24.716	0.001
		8	0.312	0.039	29.823	0.000
		9	-0.073	-0.038	30.113	0.000
		10	-0.249	-0.052	33.577	0.000
		11	-0.103	-0.104	34.194	0.000
		12	0.198	-0.033	36.547	0.000

图 4-30　旅游业价值链净资产收益率 LY_{ROE} 的自相关图和偏自相关图

由图 4-29 可以看出，（偏）自相关系数短期并没有明显地衰减到 2 倍标准差范围内波动，从 AC 值和 PAC 值也可以看出这一点，这表明数据序列没有明显的短期相关。但数据序列的（偏）自相关系数衰减为小值波动的过程连续且缓慢，该（偏）自相关系数为不截尾，可以判断旅游业价值链净资产收益率仍满足均值 ARMA（m，n）方程，但不能初步确定 m，n。

　　因此我们需要通过赤池信息准则（AIC）对 ARMA 模型的参数 m，n 进行选择，一般来说对应的统计量值越小模型越好。但 m 值一般不能超过 3，而 n 值不能超过 2，否则 ARMA 模型将不平稳。Invert AR root 为模型自回归 AR 部分所对应的差分方程的特征方程的特征根，若特征根的绝对值都小于 1，则说明模型是平稳的；反之亦然。通过利用 Eviews 5.0 软件，对参数 m，n 可能的取值组合进行 Estimate Equation 操作，通过 AIC 值以及 AR（m）、MA（n）所对应的统计量值判断 ARMA（m，n）模型的阶数，其结果如表 4 - 27 所示。

表 4 - 27　ARMA（m，n）模型参数估计数值

m，n 取值	AIC 值	AR（m）	MA（n）	Invert AR root
3，2	-3.813	5.329（0.000）	-0.699（0.489）	0.91；-.45 -.79i；-.45 +.79i
3，1	-3.845	2.896（0.007）	1.956（0.059）	0.78；-.39 -.67i；-.39 +.67i
2，2	-4.401	47.532（0.000）	-33.997（0.000）	1.01；-1.01
2，1	-3.955	2.956（0.006）	4.650（0.000）	0.73；-0.73
1，2	-4.039	7.003（0.000）	-1.012（0.318）	0.8
1，1	-4.355	93.859（0.000）	-36.011（0.000）	1.02

　　从表 4 - 27 可以看出，在 5% 显著性水平下，AR（m）、MA（n）所对应的 t 检验统计量值大于临界值 2.032 且 Invert AR root 的绝对值都小于 1 的 m，n 值只有 2，1。由此可以确定旅游业价值链净资产收益率序列建立的均值方程中对应的参数 m，n 为 2，1。

　　② ARCH 效应检验

　　对方差方程中的参数 p，q 进行估计之前，还需对旅游业价值链净资产收益率序列的残差进行 ARCH - LM 检验，检验利用 GARCH 模型拟合波动数据的合理性，其结果如表 4 - 28 所示。

表 4 – 28　旅游业价值链净资产收益率残差的 **ARCH – LM Test** 结果

ARCH Test：

F – statistic	2. 152143	Probability	0. 078922
Obs $\times R$ – squared	15. 64324	Probability	0. 110311

从表 4 – 28 可以看出，在给定的 5% 显著水平和滞后 2 阶的条件下，$obs \times R^2$ 大于给定的值 5. 991，其伴随概率 $p0$ 也小于 0. 05，说明采用 GARCH 模型拟合各市场旅游业价值链净资产收益率波动的数据是非常合理的。

③ 方差方程中参数 p，q 的估计

采用 AIC 原则并通过 Matlab R2011b 软件得到旅游业价值链净资产收益率采用 GARCH （0，1）模型，再利用 Eviews 5.0 软件检验 GARCH （0，1）模型的估计结果如表 4 – 29 所示。

表 4 – 29　旅游业价值链净资产收益率 **GARCH （0，1）** 模型检验结果

Dependent Variable：LY_{ROE}

Method：ML – ARCH （Marquardt） – Normal distribution

Date：10/17/13　Time：23：27

Sample：1 40

Included observations：40

Convergence achieved after 23 iterations

Variance backcast：ON

GARCH = C （1） + C （2） $\times$ GARCH （ – 1）

	Coefficient	Std. Error	z – Statistic	Prob.
	Variance Equation			
C	0. 000146	0. 000163	0. 900079	0. 3681
GARCH （ – 1）	0. 948237	0. 114736	8. 264533	0. 0000

从表 4 – 29 的检验结果来看，GARCH 模型的系数之和均小于 1，而且各个系数也都大于 0，满足了 GARCH 模型的约束条件；而且模型中参数 GARCH （ – 1）所对应的 z 检验统计量值大于 5% 显著水平条件

下给定的值 2.58，并且伴随概率 p 小于 0.01，说明旅游业价值链净资产收益率 GARCH（0，1）模型拟合效果较好。

（5）旅游业价值链风险溢出分析

首先根据式（4-3）分别计算旅游业（ly）、道路运输业（dlt）、航空运输业（hkt）、食品制造业（sp）、零售业（ls）和酒、饮料、茶业（jyc）价值链净资产收益率各时期的波动 V_{it}（$i = ly$，dlt，hkt，sp，ls，jyc）。再通过式（4-4），将 $V_{dlt,t}$，$V_{hkt,t}$，$V_{sp,t}$，$V_{ls,t}$，$V_{jyc,t}$ 分别代入旅游业价值链净资产收益率 GARCH（0，1）模型方程中的均值方程，并进行参数估计且给出 t 检验统计量值，其结果如表 4-30 所示。

表 4-30　V_{it} 参数估计值及 t 检验统计量值

	$V_{dlt,t}$	$V_{hkt,t}$	$V_{sp,t}$	$V_{ls,t}$	$V_{jyc,t}$
ly	30.806（6.575）	4.064（2.355）	17.859（2.870）	4.025（2.694）	6.689（2.515）

注：表中数值均保留三位有效小数。

在 5% 显著性水平下，对于旅游业价值链净资产收益率 GARCH 方程，$V_{dlt,t}$，$V_{hkt,t}$，$V_{sp,t}$，$V_{ls,t}$，$V_{jyc,t}$ 所对应的参数均显著不为零，说明道路运输业、航空运输业、食品制造业、零售业以及酒、饮料、茶业价值链净资产收益率都对旅游业价值链净资产收益率产生风险溢出效应。

（6）各行业价值链共同风险溢出分析

首先，采用独立成分分析法，对道路运输业，航空运输业，酒、饮料、茶业，食品制造业和零售业价值链净资产收益率的波动数据 $V_{dlt,t}$，$V_{hkt,t}$，$V_{jyc,t}$，$V_{ls,t}$，$V_{sp,t}$ 进行 ICA 分析，$V_{dlt,t}$，$V_{hkt,t}$，$V_{jyc,t}$，$V_{ls,t}$，$V_{sp,t}$ 所对应的解混矩阵 W_{ly} 为：

$$W_{ly} = \begin{bmatrix} -88.466 & -1.28 & 41.07 & -10.26 & 1260.15 \\ -7.09 & 3.95 & -134.48 & 378.53 & 90.31 \\ -159.39 & 294.12 & -62.91 & 7.56 & -301.65 \\ -1233.51 & -34.45 & 3.16 & -2.56 & 264.49 \\ 336.30 & 30.97 & -645.87 & 64.67 & 764.10 \end{bmatrix}$$

在解混矩阵 W_{ly} 中，第一独立成分 $s_{ly,1}$ 中 $V_{sp,t}$ 所对应的权重最大，说明第一独立成分主要用来度量食品制造业价值链净资产收益率波动；第二独立成分 $s_{ly,2}$ 中 $V_{ls,t}$ 所对应的权重最大，说明第二独立成分主要用来度量零售业价值链净资产收益率波动；第三独立成分 $s_{ly,3}$ 中 $V_{hkt,t}$、$V_{sp,t}$ 所对应的权重较大，$V_{hkt,t}$ 的权重为正数，$V_{sp,t}$ 的权重为负数，说明第三独立成分主要用来度量航空运输业与食品制造业价值链净资产收益率波动之差；第四独立成分 $s_{ly,4}$ 中 $V_{dlt,t}$ 所对应的权重最大，说明第四独立成分主要用来度量道路运输业净资产收益率波动；第五独立成分 $s_{ly,5}$ 中 $V_{jyc,t}$、$V_{sp,t}$ 所对应的权重较大，$V_{jyc,t}$ 的权重为负数，$V_{sp,t}$ 的权重为正数，说明第五独立成分主要用来度量食品制造业与酒、饮料、茶业价值链净资产收益率波动之差。

采用独立成分分析法，计算出独立成分因子数据 $s_{i,1t}$，$s_{i,2t}$，$s_{i,3t}$ $s_{i,4t}$，$s_{i,5t}$，其中 $i = ly$。再根据式（4 - 5）将 $s_{sh,1t}$，$s_{sh,2t}$，$s_{sh,3t}$，$s_{sh,4t}$，$s_{sh,5t}$ 代入旅游业价值链 GARCH 模型的均值方程中，并进行参数估计且给出 t 检验统计量值，结果如表 4 - 31 所示。

表 4 - 31　$s_{i,kt}$ 的参数估计值及 t 检验统计量值

	$s_{ly,1t}$	$s_{ly,2t}$	$s_{ly,3t}$	$s_{ly,4t}$	$s_{ly,5t}$
ly	0.0150 (4.457)	0.0112 (3.443)	-0.0049 (-1.226)	-0.01823 (-5.410)	-0.0065 (-1.668)

在 1% 显著性水平下，对于旅游业价值链净资产收益率 GARCH 方

程，$s_{1y,1t}$，$s_{1y,2t}$，$s_{1y,3t}$ 的参数均显著不为零，说明道路运输业、航空运输业、食品制造业、零售业和酒、饮料、茶业价值链净资产收益率对旅游业价值链净资产收益率产生显著的共同风险溢出效应，从而说明无论是采用财务指标净资产收益率，还是采用市场指标日收益率都可以对旅游业价值链的风险溢出效应进行测度。

五　本章小结

本章我们主要运用 GARCH 模型和独立成分分析法，从市场指标和财务指标两个角度对旅游业价值链的风险溢出效应进行测度，并研究和分析了不同市场间旅游业价值链的风险溢出效应以及国内市场不同行业间（包括旅游业）价值链的风险溢出效应。

第一，研究了单个股票市场旅游业的价值链对上海、深圳股票市场旅游业价值链的风险溢出，以及上海、中国香港、新加坡、韩国四个股票市场旅游业价值链对深圳股票市场旅游业价值链和深圳、中国香港、新加坡、韩国四个股票市场旅游业价值链对上海股票市场旅游业价值链的共同风险溢出。实证结果表明，各单个股票市场旅游业价值链均对上海、深圳股票市场旅游业价值链产生风险溢出效应，并且多个股票市场旅游业价值链均对上海、深圳股票市场旅游业价值链产生共同风险溢出效应。

第二，研究了国内市场单个行业价值链对旅游业价值链的风险溢出，以及国内市场部分行业（道路运输业、航空运输业、食品制造业、零售业以及酒、饮料、茶业）价值链对旅游业价值链的共同风险溢出。实证结果表明，从市场指标（日收益率）角度测度时，国内市场单个行业价值链均对旅游业价值链产生风险溢出效应，而国内市场部分行业价值链对旅游业价值链产生共同风险溢出效应；从财务指标（净资产收益率）角度测度时，与上述实证研究结果基本吻合。

　　以上结果表明，相对于对风险溢出效应测度的实证结果，共同风险溢出效应测度的实证结果更加有效合理，而且与实际更加贴近。而在对风险溢出进行测度时，虽然无论是从市场指标还是财务指标进行研究，其实证研究结果都相同，但从计量经济学角度出发，利用市场指标进行风险溢出测度时，其实证结果更加显著（在显著性水平1%下）。但在进行风险管理或投资组合测度时，若不能得到市场指标，利用财务指标也是有效的。

第五章　旅游业价值链风险溢出
对投资转移的影响

一　研究理论

本章基于概率模型和极值理论，运用 Logit 模型研究旅游业价值链风险溢出对投资转移的影响。国外的学者主要将市场分为股票和国债市场，在不同的市场状态下，根据资金流动的方向，将投资分为正向投资转移以及反向投资转移，正向投资转移指当股票市场风险增加或流动性变差时，投资者将其转移到风险更小或流动性更好的国债市场，反向投资转移则指当股票市场收益率增加时，投资从风险低、流动性好的国债市场转移到风险高、流动性差的股票市场。还有学者对美国及欧洲一些国家国债和股票存在的相关系数进行研究，同样发现这些国家国债和股票市场之间存在显著的投资转移行为，随着市场风险的变化，同一市场内的投资转移行为同样存在，这使学者转而研究不同股票市场间的投资转移行为。

靳飞（2010）等尝试过通过市场 β、价差、市值、价格冲击系数、账面市值比等指数对存在不同风险补偿特征的股票进行分类，从而比较分析不同类别中股票和投资行为的特点。并进一步研究同一市场间股票存在的流动性和风险性差异造成的股票市场内部不同股票之间的投资转移行为。

本章着重对同一市场内价值链的波动与投资转移的关系进行研究，基于概率模型和极值理论，运用 Logit 模型分别从宏观和微观两个层面对同一市场内价值链的波动与投资转移的关系进行研究。

二 模型建立

本部分实证研究采用 Logit 模型：

$$P_t^{flight_t} = c + \alpha_1 \ln OF_{t-1}^M + \alpha_2 Liquidity_{t-1}^M + \alpha_3 r_{t-1}^M + \alpha_4 H_{t-1}^M +$$
$$\beta_1 \ln OF_t^M + \beta_2 Liquidity_t^M + \beta_3 H_t^M + \varepsilon_t$$

$$(5-1)$$

其中：$flight$ 表示投资转移；$\ln OF_{t-1}^M$、$Liquidity_{t-1}^M$、r_{t-1}^M 和 H_{t-1}^M 分别表示市场指标下第 t 期和第 $t-1$ 期的投资者交易量、流动性、收益率和风险。

三 变量选取

P_t^{flight}：我们按第 t 期的流通市值对所有股票进行分组，然后计算高、低市值股票组合的收益率。将市值最高的 30% 股票作为高市值股票，市值最低的 30% 股票作为低市值股票。由于少部分股票当期的收益率或价格变化可能影响其流通市值，并影响股票的分组，因此我们也根据上个月月底的流动性市值进行分组，结论无实质性差异。

$\ln OF_t^M$ 是取对数后的 t 期的订单流，用它衡量交易量。Lee 和 Ready（1991）最早提出了衡量订单流的方法，其方法并被广泛应用于关于股票订单流的研究中，每只股票每天所有买方发起的交易金额与卖方发起的交易金额之差为该股票当天的订单流。买卖双方的股票交易促成了股票流通市值的变化，因此我们使用股票前后期流通市值的变动差额作为订单流的替代变量。

在研究财务指标时，由于流通市值与净资产变动在市场和财务指标中具有一定的相似性，我们尝试用净资产变动率替代市值之差的对数作为对投资者交易量衡量的替代。

$Liquidity_t^M$ 是指 t 期的流动性。Amihud（2002）以非流动性或价格冲击系数表示流动性；苏冬蔚、麦元勋（2004）从换手率（成交量与流通市值之比）的角度衡量流动性，发现我国股市存在显著的流动性溢价。由于换手率和订单流方法被证明没有显著区别，因此，我们采用苏冬蔚、麦元勋（2004）所提出的衡量方法进行分析。

在财务指标研究中，我们尝试用市值加权后的资产净增加值作为流动性交易金额与流通市值之商的替代。

r_t 表示价值回报，我们从市场指标和财务指标两个方面对收益率进行衡量，采用股票日回报率来衡量市场指标，数据来自国泰安数据库股票日收益率。

财务指标用来自 Resset 数据库个股季度摊薄后的净资产收益率（ROE），以此作为股票回报率的替代。

H_t^M 表示波动率，是依据上一部分 GARCH 模型估计的条件标准差的替代。

四 样本选取

（一）市场指标下样本数据的选取

研究样本的时间范围为 2008 年 1 月 4 日至 2012 年 12 月 31 日，共 1217 天。考虑到 2008 年之前的数据容易受到美国金融危机的影响，年初的数据有一定的周期波动性，因此我们选择 2008 年初至 2012 年末这 5 年的数据进行实证研究。本部分的数据来自国泰安 Csmar 数据库和 RESSET 数据库。

在选取样本公司时，我们参照了下面的标准：

（1）剔除非正常交易的股票数据；

（2）剔除沪深 A 股之外的所有股票，防止 ST 类波动性较大的股票所带来的影响；

（3）所选择的股票必须在整个研究期间持续存在并正常交易；

（4）剔除交易日少于或等于 1117 天的股票，交易日过少影响行业加权平均值的计算，停牌属于正常现象，在合理的范围内是可以接受的。

（二）财务指标下样本数据的选取

为分析财务指标下市场价值链波动对同一市场内不同公司间的投资转移的影响，我们同样从国泰安 Csmar 数据库和 RESSET 数据库选用了 7 个行业 2005 年第一季度到 2012 年第三季度与市场研究变量中相对应的财务指标共 31 个数据作为研究样本。

五　实证检验

（一）旅游业价值链风险溢出对投资转移影响的大样本验证

1. 市场指标下的大样本验证

我们先对不同行业股票的市值进行描述性统计分析。

表 5 - 1　不同行业股票市值的描述性统计分析

Descriptive Statistics

	N	Minimum	Maximum	Mean	Std. Deviation		Variance
	Statistic	Statistic	Statistic	Statistic	Statistic	Std. Error	Statistic
道路运输业	25	1.98E9	1.23E11	9.8726E9	4.75893E9	2.37946E10	5.662E20
航空运输业	12	1.28E9	8.01E10	2.0711E10	7.26022E9	2.51501E10	6.325E20
酒、饮料、茶业	29	19.00	6.01E5	3.9364E5	5.38704E4	2.90101E5	8.416E10
零售业	55	1.27E9	6.40E10	5.1032E9	1.14473E9	8.48956E9	7.207E19
农业	17	1.59E9	8.94E9	4.0153E9	5.58644E8	2.30335E9	5.305E18
食品制造业	8	1.79E9	7.87E9	4.9373E9	7.01048E8	1.98286E9	3.932E18
Valid N (listwise)	8						

从表 5 - 1 可以看出，不同行业的股票市值存在一定的差异。从市值的方差可以看出，道路运输业、航空运输业及零售业自身的离散程度较大，居于所研究行业的前三位，道路运输业的离散程度尤为显著，方差达到 5.662×1020。相比这三个行业，农业和食品制造业自身的离散程度较小。从图 5 - 1 中我们可以看出，道路运输业、航空运输业及零售业还存在极端值，鉴于极端值较为明显，我们用 Q - Q 图对 6 个行业的股票市值进行划分（见图 5 - 2）。

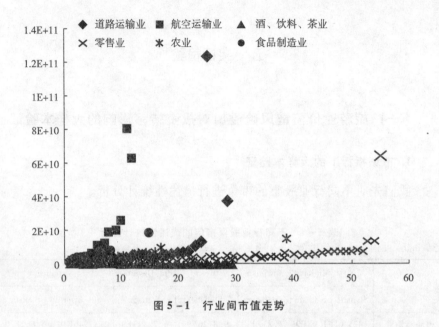

图5-1　行业间市值走势

　　根据图5-2，我们将不同行业股票的极端值作为异常值处理，对不同行业分别进行单个样本检验，剔除市值落在置信区间95%分位数以外的股票。

　　根据行业所剩股票第 t 期的流通市值大小进行分组。按从小到大的顺序对股票市值进行累加，根据其累加值占全部样本总市值的前30%和后30%这一标准对股票进行划分。将市值最高的30%的股票作为高市值股票，市值最低的30%的股票作为低市值股票，然后计算高、低市值股票组合的收益率。将日收益率高于该市场样本区间内收益率95%分位数定义为高市值向低市值转移引起的大涨事件；将日收益率低于该市场样本区间内收益率5%分位数定义为低市值向高市值转移引起的大跌事件。由于少部分股票当期的收益率或价格变化可能影响其流通市值，并影响股票的分组，因此我们也根据上个月月底的流动性市值进行分组，结论无实质性差异。

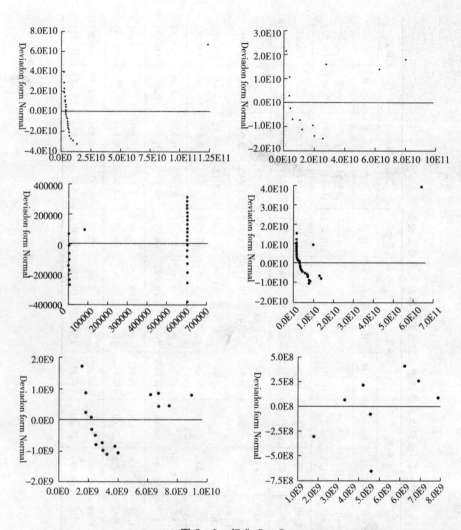

图 5 - 2　行业 Q - Q

　　由表 5 - 2 的估计结果可以看，酒、饮料、茶业，农业，道路运输业的风险波动对投资的双向转移影响显著，并且流动性的高低也对该市场不同市值间的股票转移产生显著影响。航空运输业和食品制造业的风险波动对投资转移产生更多的是单向影响，其中航空运输业的风险波动对股票从低市值到高市值的投资转移影响更为显著，这可能是由投资者

表 5 – 2 大样本价值链波动对投资转移影响显著性检验

	酒、饮料、茶业		农业		零售业		食品制造业		道路运输业		航空运输业	
	L–H	H–L	L–H	H–L	L–H	H–L	L–H	H–L	L–H	H–L	L–H	H–L
P_t^{Flight}												
$\ln OF_t$	-1.71 (0.09)	0.10 (0.92)	-1.56 (0.12)	0.36 (0.72)	-2.31 (0.02)	0.00 (0.00)	1.25 (0.21)	-1.22 (0.22)	-3.66 (0.00)	-0.96 (0.34)	0.86 (0.39)	2.29 (0.02)
$Liquidity_t$	2.96 (0.00)	-1.89 (0.06)	2.39 (0.02)	2.36 (0.02)	1.24 (0.21)	-0.99 (0.32)	-1.02 (0.31)	0.01 (0.99)	1.94 (0.05)	1.66 (0.10)	0.43 (0.67)	0.92 (0.36)
H_t	-1.76 (0.08)	1.81 (0.07)	1.94 (0.05)	1.69 (0.09)	-0.87 (0.38)	-1.48 (0.14)	-1.39 (0.17)	-1.95 (0.05)	-2.02 (0.04)	-1.68 (0.09)	-2.48 (0.01)	1.43 (0.15)
$\ln OF_{t-1}$	1.59 (0.11)	1.65 (0.10)	-1.15 (0.25)	2.10 (0.04)	0.44 (0.66)	-0.10 (0.92)	-1.99 (0.05)	-2.42 (0.02)	-2.12 (0.03)	-0.11 (0.91)	1.47 (0.14)	0.05 (0.96)
$Liquidity_{t-1}$	-1.73 (0.08)	1.38 (0.17)	-1.35 (0.18)	-1.89 (0.06)	-1.91 (0.06)	0.29 (0.77)	0.26 (0.79)	-1.07 (0.29)	-1.45 (0.15)	0.53 (0.60)	-0.06 (0.95)	-0.72 (0.47)
H_{t-1}	1.14 (0.25)	-1.71 (0.09)	-2.00 (0.05)	-3.45 (0.00)	0.44 (0.66)	1.09 (0.27)	0.95 (0.34)	1.48 (0.14)	1.92 (0.06)	1.49 (0.14)	2.33 (0.02)	-1.49 (0.14)
r_{t-1}	-2.94 (0.00)	-1.93 (0.05)	2.00 (0.05)	0.91 (0.36)	-0.95 (0.34)	-0.45 (0.65)	2.44 (0.01)	2.75 (0.01)	2.47 (0.01)	0.49 (0.63)	-2.17 (0.03)	0.20 (0.84)

注：括号中的值为显著性水平。

对航空运输业进行投资时更倾向于规避该行业的风险而造成的。而零售业的风险波动对投资转移的影响较小。除风险因素外，我们可以看出在大样本下，相对交易量，投资者在做投资转移之前更加关注市场的流动性。当市场具有较高的流动性时，投资者愿意将投资由风险较低的高市值股票转向风险较高的低市值股票上，而当市场流动性变差时，投资者会将投资由风险较高的低市值股票转移到风险较低的高市值股票上。综合以上分析，我们可以得出价值链波动对同一市场内不同市值股票间的投资转移的影响显著。

2. 财务指标下的大样本验证

下面利用 Logit 模型及财务指标下的替代变量，对财务指标下市场价值链波动对公司投资转移的影响进行分析。

表 5-3 为财务指标下市场价值链波动对投资转移影响的显著性检验。

由表 5-3 可以看出，在财务指标下，酒、饮料、茶业，零售业，道路运输业风险因素对双向投资转移的影响都十分显著。农业风险因素对负向投资转移的影响较为显著，对正向投资转移的影响相对较弱。食品制造业、航空运输业风险因素对正向投资转移影响较为显著，对负向投资转移影响相对较弱。与市场指标下市场风险对股票投资转移影响的显著性相比，财务指标下市场风险对公司投资转移的影响更加显著。原因在于在财务指标下公司对风险的衡量较为直接，公司对风险的反应也较为迅速。

在流动性对投资转移的影响上，财务指标下没有市场指标下显著，这是由于市场对流动性的变化更加敏感。综合以上分析我们可以得出价值链波动对同一市场内不同公司间的投资转移的影响同样显著。

表5-3 大样本价值链波动对投资转移影响显著性检验

P_t^{Flight}	酒、饮料、茶业		农业		零售业		食品制造业		道路运输业		航空运输业	
	L-H	H-L	L-H	H-L	L-H	H-L	L-H	H-L	L-H	H-L	L-H	H-L
$\ln OF_t$	-0.76 (0.45)	-0.10 (0.92)	-1.19 (0.23)	-0.23 (0.82)	-0.03 (0.97)	-0.05 (0.96)	0.38 (0.71)	0.43 (0.67)	0.62 (0.54)	-0.52 (0.61)	-0.79 (0.44)	0.79 (0.43)
$Liquidity_t$	-0.31 (0.76)	1.51 (0.13)	0.38 (0.70)	1.44 (0.16)	-1.66 (0.10)	-1.29 (0.20)	-0.47 (0.64)	-0.61 (0.54)	-0.92 (0.37)	1.48 (0.15)	4.17 (0.00)	-0.69 (0.50)
H_t	-2.19 (0.03)	-1.85 (0.06)	1.07 (0.29)	2.46 (0.02)	1.78 (0.08)	-1.82 (0.07)	2.36 (0.02)	1.34 (0.18)	1.99 (0.06)	-1.94 (0.06)	2.11 (0.05)	1.10 (0.28)
$\ln OF_{t-1}$	0.48 (0.63)	1.09 (0.28)	-1.13 (0.26)	-2.11 (0.05)	0.05 (0.96)	1.6 (0.11)	1.17 (0.24)	0.37 (0.71)	2.54 (0.02)	0.02 (0.99)	1.29 (0.21)	0.30 (0.77)
$Liquidity_{t-1}$	1.11 (0.27)	-1.09 (0.27)	1.20 (0.23)	4.42 (0.00)	-1.17 (0.24)	-1.15 (0.25)	-1.69 (0.09)	-0.82 (0.41)	-1.45 (0.16)	1.11 (0.28)	-1.00 (0.33)	-1.18 (0.25)
H_{t-1}	2.21 (0.03)	1.94 (0.05)	-1.06 (0.29)	-2.46 (0.02)	-1.80 (0.07)	1.60 (0.11)	-1.97 (0.05)	-1.64 (0.10)	-1.99 (0.06)	1.95 (0.06)	-3.07 (0.01)	0.17 (0.87)
r_{t-1}	1.97 (0.05)	1.35 (0.18)	1.06 (0.29)	1.56 (0.13)	0.88 (0.38)	1.80 (0.07)	-1.02 (0.31)	-0.82 (0.41)	1.16 (0.26)	-2.19 (0.04)	0.47 (0.64)	-0.46 (0.65)

注：括号中的值为显著性水平。

（二）旅游业价值链风险溢出对投资转移影响案例分析

1. 旅游业样本分析

在进行单个企业的案例分析时，我们同样运用大样本验证中的数据选取及研究方法，选用相同时间点数据，利用 Logit 模型分别在市场指标和财务指标下对旅游业价值链波动对投资转移影响的显著性进行分析。结果如下：

表 5 – 4 市场指标下旅游业价值链波动对投资转移影响的显著性检验

	$P_t^{Flight\ L-H}$		$P_t^{Flight\ H-L}$	
	t	p	t	p
$\ln OF_t$	− 2. 000969	0. 0454	− 1. 767526	0. 0771
$Liquidity_t$	3. 026587	0. 0025	− 2. 70164	0. 0069
H_t	2. 09971	0. 0358	0. 997052	0. 0187
$\ln OF_{t-1}$	− 0. 263136	0. 7924	0. 309338	0. 7571
$Liquidity_{t-1}$	− 2. 292725	0. 0219	2. 046228	0. 0407
H_{t-1}	− 2. 67922	0. 0074	− 1. 477815	0. 1395
r_{t-1}	0. 097072	0. 9227	− 0. 355207	0. 7224

表 5 – 5 财务指标下旅游业价值链波动对投资转移影响的显著性检验

	$P_t^{Flight\ L-H}$		$P_t^{Flight\ H-L}$	
	t	p	t	p
$\ln OF_t$	1. 600329	0. 1095	0. 539794	0. 5893
$Liquidity_t$	− 1. 048212	0. 2945	− 0. 059	0. 953
H_t	− 1. 736415	0. 0825	− 1. 799815	0. 0719
$\ln OF_{t-1}$	1. 491644	0. 1358	1. 805151	0. 0711
$Liquidity_{t-1}$	0. 268685	0. 7882	− 0. 064472	0. 9486
H_{t-1}	1. 707151	0. 0878	1. 755884	0. 0791
r_{t-1}	0. 676046	0. 499	1. 772376	0. 0763

　　根据表 5 - 5 可以看出，从市场指标模型上看，旅游行业的风险因素对该行业股票的投资转移的影响显著，不同市值的股票间存在广泛的投资转移。对于旅游行业，不仅风险因素对投资转移产生影响，交易量与流动性也对投资转移产生显著影响，但两类影响的程度不同。市场流动性对投资转移的影响远大于交易量对其的影响，即当股票市场具有较高的流动性时，投资者将投资由风险较低的高市值股票转向风险较高的低市值股票上，而当市场流动性变差时，投资者会将投资由风险较高的低市值股票转移到风险较低的高市值股票上。

　　从财务指标模型上看，风险因素对公司间的投资转移影响显著。但交易量和流动性对公司投资转移的影响并不显著。这与之前在市场指标下的显著性检验并不矛盾，主要因为相对市场而言，公司财务指标对市场流动性的敏感程度较弱。

2. 北京旅游公司风险波动对投资转移的影响

　　我们选取以旅游项目投资、饮食服务、文化娱乐服务、出租汽车客运、旅游信息咨询、百货销售、建筑施工等为主营业务的综合类旅游企业——北京旅游公司作为研究对象。公司由北京京西经济开发公司独家发起设立，经 1997 年 10 月 31 日发行后上市，总股本为 10500 万股，公众股 2700 万股于 1998 年 1 月 8 日在深证所上市交易。截至 2013 年 3 月 31 日，公司总资产为 9.63 亿元，流通市值为 13.47 亿元，行业排名第 18 位，属于旅游行业累计市值排名前 30% 的公司。

　　北京旅游公司属于成长性极具代表性的小市值公司，公司规模逐年递增，2012 年一年公司实现销售收入 16611.32 万元，同比增加 1202.10 万元，同比涨幅为 7.80%；实现净利润 2704.20 万元，同比增加 1831.37 万元，同比涨幅为 209.82%，净利润增长率处于全行业第一的位置。

下面分别从市场指标和财务指标角度分析该公司风险与投资转移的关系。

（1）从市场指标角度分析市场价值链波动对该公司正向投资转移的影响。

从证券交易所选取 2008~2012 年，该股票流通股市值、回报率、交易金额等共 1215 天有效高频日交易数据。数据来自国泰君安 Csmar 和 Resset 数据库。为分析中国市场价值链波动对该股票投资转移的影响，利用大样本验证中的 Logit 模型，针对单个样本，我们用该股票市值之差的对数表示交易量 $\ln OF_t$；用该股票易金额除以流通市值表示流动性 $Liquidity_t$；用该股票日回报率表示收益率 r_t；根据 GARCH 模型估计的条件标准差表示风险；P_t^{flight}：表示从低市值到高市值股票正向转移引起的大涨事件或从高市值到低市值股票反向转移引起的大跌事件的概率。

表 5-6 是市场指标下该股票价值链波动对投资转移的影响显著性检验。

表 5 - 6 市场指标下该股票价值链波动对投资转移的影响显著性检验

Method：ML – Binary Logit（Quadratic hill climbing）

Date：06/26/13 Time：23：59

Sample（adjusted）：1 1214

Included observations：1127 after adjustments

Convergence achieved after 6 iterations

Covariance matrix computed using second derivatives

Variable	Coefficient	Std. Error	z – Statistic	Prob.
X1	0.035843	0.007914	4.529155	0.0000
X2	3.693173	1.885064	1.959177	0.0501
X3	– 126.4051	66.35138	– 1.905086	0.0568
X4	0.000986	0.011599	0.085001	0.9323
X5	4.274806	1.888843	2.263188	0.0236
X6	75.09789	65.78961	1.141486	0.2537
X7	– 3.720947	3.443127	– 1.080688	0.2798

Mean dependent var	0.210293	S. D. dependent var	0.407697
S. E. of regression	0.411602	Akaike info criterion	1.052843
Sum squared resid	189.7463	Schwarz criterion	1.084068
Log likelihood	– 586.2767	Hannan – Quinn criter.	1.064641
Avg. log likelihood	– 0.520210		
Obs with Dep = 0	890	Total obs	1127
Obs with Dep = 1	237		

注：y：p^{flight}，x_1 至 x_7 依次表示 $\ln OF_t$、$Liquidity_t$、H_t、$\ln OF_{t-1}$、$Liquidity_{t-1}$、H_{t-1}、r_{t-1}。

从表 5 - 6 可以看出，市场指标下市场价值链风险溢出与投资者将对该股票的投资转移向对高市值股票的投资转移行为显著相关。同时交易量和流动性对投资者产生这种不同市面股票转移的投资行业为的影响也十分显著，与上文对多个行业的大样本检验结果相符。

（2）从财务指标角度分析市场价值链波动对该公司正向投资转移的影响

我们同样选取了该公司从 2005 年第一季度到 2012 年第三季度的财务指标，共 31 个数据作为研究样本，数据来自国泰君安 Csmar 和 Resset

数据库。为分析市场价值链波动对公司投资转移的影响，利用大样本验证中建立的 Logit 模型，针对单个样本用该公司净资产变动率替代市值之差的对数表示投资者交易量，用该公司市值加权后的资产净增加值替代流动性交易金额与流通市值之商表示流动性，用该公司 ROE 替代股票回报率表示收益率，风险仍是 GARCH 模型估计的条件标准差。在财务指标下对该公司 P^{flight} 的确定与市场研究方法类似。

最后利用 Logit 模型分析市场价值链波动对该公司投资转移的影响。

表 5 - 7 为财务指标下公司价值链波动对投资转移影响的显著性检验。

表 5 - 7　财务指标下公司价值链波动对投资转移的影响的显著性检验

Dependent Variable：Y
Method：ML - Binary Logit（Quadratic hill climbing）
Date：06/26/13　Time：23：34
Sample：1 31
Included observations：31

Variable	Coefficient	Std. Error	t - Statistic	Prob.
X1	0.001141	0.201914	0.005649	0.9955
X2	- 0.052471	0.437527	- 0.119926	0.9055
X3	13.36531	7.449570	1.794105	0.0854
X4	0.163223	0.081151	2.011361	0.0556
X5	- 0.355449	0.214922	- 1.653855	0.1112
X6	- 10.95148	7.005165	- 1.563343	0.1311
X7	4.517901	2.258078	2.000773	0.0569

注：y：p^{flight}，x_1 至 x_7 依次表示 $\ln OF_t$、$Liquidity_t$、H_t、$\ln OF_{t-1}$、$Liquidity_{t-1}$、H_{t-1}、r_{t-1}。

从表 5 - 7 可以看出，财务指标下公司价值链波动与投资者将对该公司股票的投资转向对高市值公司的股票投资的转移行为显著相关。此结果基本与市场指标下的显著性检验吻合，但交易量和流动性对投资者产生这种不同市值间公司股票转移的投资行为的影响不显著，这可能是因为该检验所选公司数据只有 31 个，即财务数据有限、样本量过低。也可能是由与利用财务指标计算出的对公司流动性、交易量及风险波动情况的反应变量相比投资者对利用市场指标得出变量的变化感觉更明显所致。

六　本章小结

本章首先定义中国股票市场上的大涨和大跌事件，并对同一市场内不同股票投资转移进行划分，接着分别度量了市场和财务指标下的价值链风险溢出。在此基础上运用 Logit 模型，从以上两个角度对价值链风险溢出对投资转移影响的显著性进行大样本检验，根据 Logit 的回归结果我们得出价值链风险溢出对投资转移影响显著的结论，进而得出上述结论同样适用于旅游行业。最后从旅游行业中选取典型企业——北京旅游公司，结合公司基本面因素及外部环境对财务指标和市场指标下价值链风险溢出对投资影响的显著性进行比较分析。综上，通过从多个行业到单个行业，从单个行业到具体企业的双指标角度下的显著性检验，我们得出：（1）旅游行业的价值链风险溢出对投资转移的影响较为显著。（2）市场指标下价值链风险溢出对投资转移的影响比财务指标下更显著。

第六章 旅游业价值链风险溢出
对价值回报的影响

本部分将从市场指标和财务指标两个方面研究价值链风险溢出对价值回报的影响。首先，确立衡量价值链风险溢出对价值回报影响的模型；其次，确立模型的相关变量；再次，筛选所要研究的行业及其属性，并对数据进行收集及预处理；最后，在模型和数据已知的情况下进行大样本检验，并选取旅游产业个别公司进行典型案例分析，从中观层面和微观层面印证价值链风险溢出和价值回报的关系。其中，将财务指标运用到风险溢出与价值回报的研究中是本部分的创新之处。

一 研究理论

研究价值链风险溢出对我们更好地理解和把握资本市场的规律，充分利用市场规律有很大的作用。由于价值链风险溢出与价值回报的关系十分密切，各国学者均就价值链风险溢出与价值回报问题进行了一定的研究，研究都假设风险溢出与极端股票回报率有密切的关系，由此，研究风险波动因子对股票大涨大跌的影响就十分有意义，而风险波动因子作为衡量价值链风险溢出的变量，其本身与价值链风险溢出度量有着千丝万缕的关系。当然，在研究随机变量与概率之间的关系时，我们更倾向于应用 Logit 模型进行估计，除了风险波动因素之外，还有一些其他的控制变量可能控制其他环境因素对大涨大跌概率的影响，在选取控制变量时，我们采用罗明华、田益祥（2011）等人的研究方法，以订单流、流动性和收益率为控制变量，同时，考虑到变量之间相互影响的时滞性，我们采用了变量 $t-1$ 期和 t 期的数据同时作为 Logit 模型的变量。

本部分的一项重大创新，同时也是本研究的重大创新之处，就是采用财务指标对价值链风险溢出和价值回报的影响进行验证，由于资本市场与公司的财务水平有时并不同步，资本市场更多的反映的是公司今后的价值在当天的情况，而财务状况只能反映历史情况或现有状况，所以采用财务指标对模型进行验证存在一定的风险，但是如果财务报表与真实情况相符的话，财务指标也可以反映价值链风险溢出与投资回报之间的关系。

以上从整体层面对价值链风险溢出与价值回报做了阐述，在借鉴前人的有益思想的基础上，我们也对本部分的一些细节问题进行了细化分析，进行了一定的创新尝试：第一，在定义大涨大跌情形时，提出了确定各情形的依据，Bae 和 Karolyi（2003）在研究亚洲及南美洲各个国家股票市场之间的风险传染问题时，基于风险传染与极端股票回报率有密切关系的前提假设，定义若某日的收益率高于该市场样本区间内所有日收益率数据的 95% 分位数，或低于该市场样本区间内所有日收益率数据的 5% 分位数，则为特别收益情况，其中前者为大涨，后者为大跌，对于为何如此定义大涨大跌，他们并没有给出解释。我们通过描绘股票市场日收益率的分布曲线，以收益率分布频率变化最快的收益点为分水岭，并按 5% 的倍数进行简化得出分位数，划分高、中、低收益率，更加科学可靠。第二，在对自变量订单流 $\ln OF$ 进行定义的基础上，选取了更为简单且不影响有效性的流通市值的变化量作为替代变量，财务指标采用的是对应的净资产增长率。

二　模型建立

本部分实证研究的理论模型为 Logit 模型 A：

$$P_t^{R_t} = c + \alpha_1 \ln OF_{t-1}^M + \alpha_2 Liquidity_{t-1}^M + \alpha_3 r_{t-1}^M + \alpha_4 H_{t-1}^M +$$

$$\beta_1 \ln OF_t^M + \beta_2 Liquidity_t^M + \beta_3 H_t^M + \varepsilon_t \qquad (6-1)$$

其中，$P_t^{R_t}$ 表示是否为大涨或大跌，为虚拟变量，取值为 0 或 1，$\ln OF_{t-1}^M$、$Liquidity_{t-1}^M$、r_{t-1}^M 和 H_{t-1}^M 分别是可以用市场指标或财务指标表示的第 $t-1$ 期的价值回报、投资者交易量、流动性、收益率和风险。这些变量均为市值加权后的数值。

三　变量选取

P_t^R 的取值为 0 或 1，从对行业数据的描述性统计及分布图表可以看出，各行业的收益率服从正态分布。此外，当我们对行业的收益率进行升序排列并画出散点图后，发现：第一，各行业的收益率分布较为相似，分布均为类 S 型，有较强的分段性；第二，低于行业 10% 分位数和高于 90% 分位数的收益率走势较为陡峭，与上下

10% 分位数之间的收益率显著不同，因此在 Logit 回归中，定义单个股票市场日收益率高于该市场样本区间内收益率 90% 分位数或低于收益率 10% 分位数的事件为大涨或大跌的情况，当我们选取 20%、30% 或 5% 作为分位数时，效果不如取 10% 显著。

对于财务指标，我们认为高于该样本区间内净资产收益率（ROE）90% 分位数或低于 ROE 10% 分位数为大涨或大跌的情况。

$\ln OF_t^M$ 是取对数后的 t 期的订单流，Lee 和 Ready（1991）最早提出了衡量订单流的方法，并被广泛应用于关于股票订单流的研究中，每只股票每天所有买方发起的交易金额与卖方发起的交易金额之差为该股票当天的订单流。买卖双方的股票交易促成了股票流通市值的变化，因此本部分使用股票前后期流通市值的变动差额作为订单流的替代变量。

在财务指标的研究中，由于流通市值的变动与净资产变动在市场和财务指标中具有一定的相似性，我们尝试将样本公司的净资产增长率作为衡量 $\ln OF$ 的指标。

$Liquidity_t^M$ 是指 t 期的流动性，Amihud（2002）以非流动性或价格冲击系数表示流动性；苏冬蔚、麦元勋（2004）创新性地从换手率（成交量与流通市值之比）的角度衡量流动性，并发现我国股市存在显著的流动性溢价。由于换手率和订单流方法被证明没有显著区别，因此，本部分采用苏冬蔚、麦元勋（2004）所提出的衡量方法进行研究。

在财务指标研究中，我们尝试将资产净增加值（亿元）作为衡量样本公司流动性的指标。

r_t 表示价值回报，本部分从市场指标和财务指标两个方面对收益率进行衡量，我们采用股票日回报率来衡量市场指标，数据来自国泰安数据库股票日收益率；财务指标来自 Resset 数据库个股季度摊薄后的净资产收益率（ROE）。

H_t^M 表示波动率，是依据上一部分 GARCH 模型估计的条件标准差。

四 数据选取

（一） 市场数据选取的时间范围

本部分研究样本的时间范围为 2008 年 1 月 4 日至 2012 年 12 月 31 日，约 5 年，共 1217 天。考虑到 2008 年之前的数据容易受到美国金融危机的影响，年初的数据有一定的周期波动性，因此我们选择 2008 年初至 2012 年末这 5 年的数据进行实证研究。

（二） 样本公司的选取

本部分的数据来自国泰安 Csmar 数据库和 Resset 数据库，其中，在使用市场指标大样本数据对 Logit 模型进行验证时，自变量的数据是国泰安 Csmar 数据库中的日数据，在使用财务指标进行 Logit 回归时使用的数据则是 Resset 数据库中的单季度数据，因变量来自于对 r_t 的判断。

在选取样本公司时，我们参照了下面的标准进行选取：

（1） 剔除非正常交易的股票数据；

（2） 剔除沪深 A 股之外的所有股票，防止 ST 类股类波动性较大带来的影响；

（3） 所选择的股票必须在整个研究期间持续存在并正常交易；

（4） 剔除交易日少于或等于 1117 天的股票，交易日过少影响行业加权平均值的计算，停牌属于正常现象，在合理的范围内是可以接受的。

经过剔除后，我们得到了大样本检验所需要的数据。经 Eviews 软件处理后的行业整体的描述性统计如表 6-1 所示：通过 J-B 检验，我们可以看出样本行业道路运输业、航空运输业、酒类、农业、建筑业、零售业、食品制造业、旅游业的加权收益率异于正态分布。行业整体的收益率平均值趋近 0，标准差、偏度、峰度均较为合理。其中，只有道路运输业和航空运输业的平均值低于 0，其他行业均大于 0 但所有行业接近 0，中位数中只有航空行业低于 0，但与 0 的收益率也只有万分之四的差距。标准差中航空运输业、农业、食品制造业相对较高一些，但均在合理范围之内。

我们将行业的市场情况细分为大涨和大跌情况后，得出表 6-2 的描述性统计：所有 8 个行业的大涨和大跌幅度的绝对值都分布在 3% ~ 5%，大涨和大跌的收益率数值相近，符号相反，其中航空运输业、农业、食品制造业和旅游业的大涨大跌情况偏离平均值的幅度较大，均在 4% 以上，道路运输业、酒类、建筑业、零售业的变化幅度相对较小，为 3% ~ 4%。通过大涨和大跌市场情况的描述性统计，我们可印证有关大涨和大跌分类的合理性。

如果把每个行业的收益率按照从大到小的顺序进行排序并按顺序编号，以行业日收益率为纵坐标，排序后的收益率编号为横坐标，我们可以做出关于行业收益率分布的情况描述，从表 6-1 我们可以看出，各行业之间的收益率分布情况基本相似，但每个行业间都稍微有些不同。为了研究口径的一致，在结合曲线斜率变化率情况、综合各行业平均情况后，我们选取 10% 作为大涨和大跌的标准。

表 6 - 1　各行业收益率描述性统计

	平均值	中位数	标准差	偏度	峰度	J - B 值	Probability
道路运输业	- 0.00047	0.000264	0.019648	- 0.417124	6.612361	696.9923	0
航空运输业	- 0.000558	- 0.000387	0.025794	- 0.166899	4.814587	172.6187	0
酒、饮料、茶业	0.000387	0.000807	0.020382	0.068052	5.042251	212.4331	0
农业	0.000565	0.001268	0.027230	- 0.125430	4.798694	167.2478	0
建筑业	4.62e - 05	0.000525	0.020793	- 0.020680	6.116956	492.7393	0
零售业	6.55e - 05	0.000642	0.020808	- 0.246199	5.027314	220.7059	0
食品制造业	0.000314	0.001108	0.025562	- 0.409257	4.842647	206.1453	0
旅游业	0.000266	0.000624	0.023904	- 0.357812	5.068316	242.8954	0

表 6 - 2　各行业大涨大跌情况下收益率描述性统计

行　业	市场情况	平均数	中位数	标准差
道路运输业	大　涨	0.03231	0.027506	0.014224
	大　跌	- 0.039116	- 0.032788	0.016214
航空运输业	大　涨	0.0457	0.040553	0.015799
	大　跌	- 0.049515	- 0.045087	0.017385
酒、饮料、茶业	大　涨	0.036864	0.032473	0.014397
	大　跌	- 0.036489	- 0.031388	0.012741
农业	大　涨	0.048982	0.041791	0.017989
	大　跌	- 0.050529	- 0.043295	0.01812
建筑业	大　涨	0.036477	0.030857	0.016531
	大　跌	- 0.038145	- 0.031931	0.015315
零售业	大　涨	0.035556	0.031277	0.013467
	大　跌	- 0.040132	- 0.035991	0.013831
食品制造业	大　涨	0.043858	0.039603	0.013977
	大　跌	- 0.04976	- 0.042625	0.018608
旅游业	大　涨	0.041255	0.036807	0.014047
	大　跌	- 0.046378	- 0.04024	0.017547

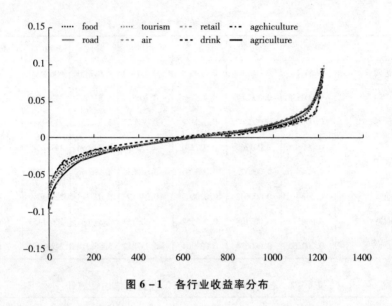

图 6 - 1　各行业收益率分布

（三）财务数据及样本的选择

本部分的财务数据来源于公司的财务报表，财务数据的数量取决于所使用的财务报表的种类，为了获得更多连续的数据，我们选择从 2004 年第三季度到 2012 年第四季度的数据进行处理，得到 2005 年第一季度到 2012 年第三季度的数据，所研究的样本公司与市场数据基本保持一致。

从表 6 - 3 可以看出，各行业的财务指标与市场指标之间存在着一定的区别，第一，各行业之间的收益率均比市场指标要大很多，市场平均收益值一般为大于 0 但接近 0 的一个数值，而行业的财务指标均大于 0，且与 0 的差异相对较大，道路运输业、航空运输业、酒类行业的均值较大，均高于 6.5%，其中酒类行业的净资产收益率更是高于 10%，这可能得益于 2012 年前白酒市场走俏，农业、建筑业、零售业、食品制造业及旅游业的均值在 3.5% 以下，各行业各季度的净资产收益率鲜有低于 0 的情况，这与股票市场的情况相异；第二，各个行业之间的差异较大，净资产收益率高低与行业特征关系密切。由此我们可以看出，资本市场对各行业的反应与各行业本身的财务状况存在关系，但资本市场表现与财务状况之间并不明显同步，这也使我们的研究更加有意义。

表6-3　各行业净资产收益率描述统计

	道路运输业	航空运输业	酒、饮料、茶业	农业	建筑业	零售业	食品制造业	旅游业
均　值	0.07162	0.06622	0.11108	0.02119	0.02415	0.03117	0.01461	0.03168
中位数	0.07681	0.06059	0.11071	0.01793	0.02215	0.03423	0.01215	0.03212
标准差	0.03409	0.06696	0.05842	0.01670	0.00901	0.01398	0.01186	0.01261

五　实证检验

（一）大样本验证价值链风险溢出对价值回报的影响

本部分实证研究的理论模型为 Logit 模型：

$$P_t^{R_t} = c + \alpha_1 \ln OF_{t-1}^M + \alpha_2 Liquidity_{t-1}^M + \alpha_3 \gamma_{t-1}^M + \alpha_4 H_{t-1}^M +$$

$$\beta_1 \ln OF_t^M + \beta_2 Liquidity_t^M + \beta_3 H_t^M + \varepsilon_t$$

其中，$P_t^{R_t}$ 表示是否为大涨或大跌，为虚拟变量，取值为 0 或 1，$\ln OF_{t-1}^M$、$Liquidity_{t-1}^M$、r_{t-1}^M 和 H_{t-1} 分别是可以用市场指标或财务指标表示的第 $t-1$ 期的价值回报、投资者交易量、流动性、收益率和风险。这些变量均为市值加权后的数值。

1. 市场指标下的 Logit 模型回归

用 Eviews 软件分别对各行业的 Logit 模型进行回归，得出的结果如表6-4所示。

表6-4 大涨情况下各行业自变量的系数及 P 值

大涨	道路运输业	航空运输业	酒、饮料、茶	农业	建筑业	零售业	食品制造业
R_{t-1}	-13.463 0.441	-17.725 0.129	-35.167 0.011**	-12.469 0.391	-7.353 0.580	-20.590 0.198	-5.620 0.580
$\ln OF_t$	1.120 0.000**	0.949 0.000**	1.223 0.000**	1.968 0.000**	1.054 0.000**	1.131 0.000**	0.712 0.000**
$\ln OF_{t-1}$	0.009 0.832	0.051 0.086*	0.054 0.066*	-0.030 0.548	-0.003 0.919	0.033 0.478	0.001 0.971
$Liquidity_t$	163.570 0.000**	183.397 0.000**	289.075 0.000**	148.037 0.000**	139.789 0.000**	303.126 0.000**	70.800 0.000**
$Liquidity_{t-1}$	-151.591 0.000**	-102.156 0.000**	-190.970 0.002**	-124.954 0.000**	-121.609 0.000**	-200.490 0.000**	-29.350 0.046**
H_t	1201.464 0.024**	453.209 0.058*	276.369 0.064*	242.491 0.033**	518.761 0.012**	328.940 0.083*	155.660 0.096*
H_{t-1}	-1032.982 0.050**	-373.529 0.114	-133.294 0.380	-80.342 0.457	-420.113 0.039**	-181.677 0.340	-40.592 0.666
$McFadden$	0.678	0.638	0.658	0.764	0.650	0.705	0.583

注：** 为在5%水平下显著，* 为在10%水平下显著。

表6-5 大跌情况下各行业自变量的系数及 P 值

大跌	道路运输业	航空运输业	酒、饮料、茶业	农业	建筑业	零售业	食品制造业
R_{t-1}	-6.728 0.764	-1.877 0.853	-14.924 0.335	-17.747 0.186	-12.334 0.357	-43.818 0.028**	-9.063 0.481
$\ln OF_t$	-1.629 0.000**	-0.823 0.000**	-1.036 0.000**	-1.250 0.000**	-1.278 0.000**	-1.276 0.000**	-0.893 0.000**
$\ln OF_{t-1}$	0.002 0.964	-0.036 0.214	0.022 0.510	0.004 0.930	0.007 0.824	0.071 0.165	-0.061 0.147
$Liquidity_t$	189.551 0.000**	178.911 0.000**	438.195 0.000**	111.603 0.000**	49.478 0.000**	280.715 0.000**	128.525 0.000**

续表

大跌	道路运输业	航空运输业	酒、饮料、茶业	农业	建筑业	零售业	食品制造业
$Liquidity_{t-1}$	-88.272 0.037 **	-109.715 0.000 **	-300.724 0..000 **	-65.526 0.000 **	-7.184 0.630	-173.365 0.002 **	-68.902 0.000 **
H_t	1346.384 0.047 **	73.869 0.728	541.464 0.001 **	-10.665 0.922	-13.601 0.942	339.117 0.121	62.973 0.614
H_{t-1}	-1138.666 0.090 *	64.331 0.760	-324.267 0.045 **	124.439 0.222	122.682 0.500	-113.637 0.591	47.0145 0.699
McFadden	0.768	0.636	0.654	0.712	0.669	0.743	0.664

注：** 为在 5% 水平下显著，* 为在 10% 水平下显著。

从整体上看，我们可以看出：①当期的订单流（$\ln OF_t$）、流动性（$Liquidity_t$）及上一期的流动性（$Liquidity_{t-1}$）不论在大涨还是大跌情况下，在所有行业中对价值回报均较为显著，且大都在 95% 的置信区间显著，即对价值回报有显著的影响；②另外，在大涨的情况下，风险（H_t）对价值回报的影响是显著的；③此外，各个行业之间价值回报的影响因素也有一定的差异，比如在大涨的情况下，上期的股票回报率（R_{t-1}）对酒类行业价值回报的影响是显著的，对其他行业则不显著，当在大跌时，上期的股票回报率（R_{t-1}）对零售业的价值回报是显著的，酒类行业却不显著；④绝大多数行业的 McFadden 值大于 0.6 的水平，效果较为理想；⑤在大涨的情况下，显著变量的数量大于大跌情况下的数量；⑥t 期的自变量与 $t-1$ 期的自变量对因变量有相反的影响，即 Logit 模型中 t 期与 $t-1$ 期的相同自变量的系数是相反的。

以上 7 个样本行业的整体分析结果与靳飞等（2009）对 2003～2009 年上海证券交易所 A 股进行研究的结论有相同之处也有不同之处：靳飞等（2009）通过分析，认为市值的大小对各变量是否显著没有影响，即不论是高市值或是低市值股票，在进行线性概率回归时，各变量的显著性是相同的。另外，在股票市场大涨或大跌两种状态下，变量的显著性仍没有太大变化，即在大涨情况下显著的变量，在大跌时仍然显著，这与我们的研究结论相悖，原因可能在于本文研究的范围仅限于上文提到的 7 个行业，不能代表市场的整体情况，也有可能是因为在大跌和大涨两种情形下，投资者的心理及行为并不一致。此外，靳飞等（2009）的研究结果显示上期的股票回报率（R_{t-1}）、当期的订单流（$\ln OF_t$）和当期的流动性（$Liquidity_t$）对行业的价值回报有显著影响，本文的研究结果则证明当期的订单流（$\ln OF_t$）、流动性（$Liquidity_t$）及上一期的流动性（$Liquidity_{t-1}$）对所有 7 个行业的价值回报均存在显著影响，但上期股票收益率（R_{t-1}）对本期的价值回报并没有太大影响，同时，其他各变量对不同行业的当期价值回报的影响是不同的，行业存在显著差异。

从单个行业的角度分析，我们可以看出：

（1）道路运输业

道路运输业是旅游业价值链的重要组成部分，从表 6 - 4 和表 6 - 5 可以看出，在道路运输业 Logit 回归中，变量的 p 值整体较小，优于其他 6 个行业，其中 t 期订单流、流动性、风险和 $t-1$ 期的流动性和风险（$\ln OF_t$、$Liquidity_t$、$Liquidity_{t-1}$、H_t、H_{t-1}）的显著性在 5% 的水平下仍可接受的，而且 t 期订单流、流动性（$\ln OF_t$、$Liquidity_t$）的显著性在大涨和大跌情况下均达到了 1% 的水平。另外，通过检验我们可以看出，t 期与 $t-1$ 期的价值链风险溢出（H_t、H_{t-1}）对行业回报率有着显著的影响，且作用相反，t 期风险会加大行业股票大涨或大跌的可能性，$t-1$ 期风险则会降低行业大涨、大跌的可能性，即股票前一期的价值链风险溢出会使本期的回报趋于稳定，本期的价值链风险溢出增加了股票大涨或大跌的可能性。

（2）航空运输业

航空运输业与道路运输业有一定的相似性，也是旅游业价值链的重要组成部分。从表6-4和表6-5可以看出，在大涨和大跌两种情况下，各变量对行业价值回报的影响并不完全相同，其中 t 期订单流、流动性和 $t-1$ 期流动性（$\ln OF_t$、$Liquidity_t$、$Liquidity_{t-1}$）显著性较好，但是 $t-1$ 期的订单流在大涨、90% 的置信水平时，是显著的，但是在大跌时并不显著，同时 t 期价值链风险溢出（H_t）与 $t-1$ 期订单流（$\ln OF_{t-1}$）存在相同的情况，$t-1$ 期的风险一直保持不显著状态。与道路运输业不同的是，航空运输业的 $\mathrm{Ln}OF_{t-1}$ 在 90% 置信水平下是显著的。

（3）酒、饮料、茶业

酒、饮料、茶业在大涨和大跌情况下各变量的显著性有着明显的差异，除 t 期订单流、流动性和 $t-1$ 期流动性依旧保持显著外，其他变量在不同市场条件下，结果是不同的，在大涨的情况下，在其他行业并不显著的 R_{t-1} 和 $\ln OF_{t-1}$ 反而变得显著了，H_t 对价值回报也有显著影响；在大跌情况下，R_{t-1} 和 $\ln OF_{t-1}$ 变回不显著，但是 H_{t-1} 对价值回报起到了重要的作用，即 t 期的价值链风险波动溢出加剧了行业出现大涨或大跌的情况，$t-1$ 期的价值链风险波动溢出会抑制大跌情况的出现，但不能影响大涨的情况。

（4）农业

在农业行业中，大涨与大跌的情况也不相似，当期的风险会提高出现大涨的可能性，但与大跌并没有很强的联系，H_{t-1} 对大涨或大跌均不产生显著影响。

（5）建筑业

建筑业中，在两种极端收益的情况下，风险的显著性也存在显著的差异，H_t 与 H_t-1 均对超高价值回报产生显著影响，但对大跌情况的解释力不足。

（6）零售业

零售业中风险对超常回报率的解释力度不足。

（7）食品制造业

食品制造业中 t 期的风险在 90% 置信区间水平下有显著性。

2. 财务指标下的 Logit 模型回归

由于在大部分行业的财务指标中，净资产收益率在研究期间没有下跌的情况，所以，我们只对大涨这一种市场反应进行研究。另外，考虑到样本公司本身期数少，大涨事件数量更少，我们放弃 10% 分位数的标准定义，取 30% 分位数作为 P_t^R 取值的替代判定标准。按照模型 6-1 确定的 Logit 模型做回归，结果如表 6-6 所示。

表 6-6　大涨情况下各行业自变量的系数及 P 值

大涨	道路运输业	航空运输业	酒、饮料、茶业	农业	建筑业	零售业	食品制造业
R_{t-1}	12.42347 0.4603	-57.21596 0.6270	255.4218 0.0399 **	-1.740668 0.9797	123.8937 0.6943	371.1862 0.1516	655.6530 0.0260 **
$\ln OF_t$	66.56357 0.1594	72.42645 0.3292	7.345547 0.8027	5.752891 0.5139	6.328436 0.7379	12.67021 0.2305	3.909088 0.7064
$\ln OF_{t-1}$	-83.56981 0.1033	2.799473 0.8466	1.581770 0.9293	-12.78754 0.4599	-67.04914 0.2510	1.500386 0.8940	27.21456 0.3313
$Liquidity_t$	-0.490855 0.3457	-0.125136 0.5808	-0.308745 0.5584	0.622895 0.0524 *	0.115464 0.3938	-0.069297 0.2502	0.078628 0.8888
$Liquidity_{t-1}$	0.758555 0.1880	0.227906 0.2926	-0.090147 0.8391	0.147888 0.5198	0.271627 0.4370	-0.039529 0.5843	-1.392500 0.2557

续表

大涨	道路运输业	航空运输业	酒、饮料、茶业	农业	建筑业	零售业	食品制造业
H_t	−41577.52 0.7470	270.0519 0.2852	−966.7638 0.0341 **	2937.806 0.1258	−3293.292 0.0414 **	−491.9694 0.1843	−641.2577 0.0740 *
H_{t-1}	41551.68 0.7472	−344.3456 0.1495	738.1661 0.0341 **	−3034.880 0.1152	3082.488 0.0394 **	98.13928 0.4607	−53.94619 0.7092

注：** 为在 5% 水平下显著，* 为在 10% 水平下显著。

从整体上看，财务指标的 Logit 回归结果不如市场指标显著性好，这可能是因为受到了财务指标数据的来源和本身性质的影响，财务数据相对于市场指标，有更长的时间跨度，所涵盖的信息更多为时点信息，反映的是公司历史和现在的信息，而非像市场指标那样反映企业或行业的未来盈利能力，财务指标多为静态的，不能灵活变动，且行业财务指标更多地受到行业特征、技术发展、行业政策等因素的影响，行业间差异较大。财务报表的编制者为公司自身，编制受公司内部而非公众的影响，即便有受到审计监督的可能性，但是很多会计政策有一定的可选择性，另外每种会计政策都有缺点，导致财务数据具有一定的导向性，并不能准确地反映公司的公允价值，因此拟合或解释力度并不能如市场指标般灵敏、准确。此外，目前奉行的是稳健的会计政策，所以财务指标的 ROE 风险波动 H_t 可能不会很明显。

虽然财务指标有以上缺点，但是财务指标仍具有反映公司现实状态的能力，而且有一定的预测公司未来发展的功能，财务指标是对公司进行评价的账面基础，公司的账面变动是影响、决定公司市场表现的重要信息来源。表 6–6 显示（后加整体情况描述），上一期的收益率 R_{t-1}、当期风险 H_t、上期风险 H_{t-1} 对本期的收益情况均在 2 个行业 95% 的置信水平下显著。这说明在一些行业里，公司前后期净资产收益率存在一定的关系，另外公司上期的风险和本期的风险与本期的收益也存在一定的关系。

从行业来看，各个行业之间的差异较大，没有对所有行业均显著的变量。

（1）道路运输业

道路运输业的上一期的资产净增加值在 15% 的显著水平下是显著的。

（2）航空运输业

航空运输业的显著性与道路运输行业一样，显著性效果并不好。

（3）酒、饮料、茶业

在酒、饮料、茶业中，本期的价值回报受到上期收益情况的影响，本期风险 H_t 和上期风险 H_{t-1} 存在显著的影响，本期风险加大了本期超高收益的可能性，而上期的波动风险 H_{t-1} 降低了本期出现超高回报的可能性。

（4）农业

流动性给农业的超常收益带来的可能性在 10% 的水平下存在显著影响，由于财务数据本身的不精确性，当我们使用 15% 的显著水平时，t 期和 $t-1$ 期的风险对本期的价值回报有影响，且与市场指标中的效果相似：t 期风险加大出现大涨的可能性，$t-1$ 期风险效果则相反。

（5）建筑业

在建筑业财务指标中，只有风险对超高回报率在 5% 显著水平上存在显著影响，这表明价值链风险溢出对价值回报有显著影响。与市场指标中的影响相反，在建筑业财务指标中，t 期的风险对当期出现超高回报率起负面作用，$t-1$ 期风险起正面作用，也即在当期风险偏大的情况下更不容易出现超高回报，前期风险大更可能引起本期的超高回报。产生这种现象的原因之一为建筑业的生产周期比较长，财务指标非即时性现象较为严重，公司本期的盈利状况很多情况下取决于上期或更早时候的公司行为决策及表现，公司行为的效果具有时滞现象。

（6）食品制造业

食品制造行业的本期超高回报的出现与公司上期的净资产收益率和本期的风险有关，食品制造业的存货循环速度受到保质期的影响，存货周转速度较快，所以当期的风险能够反映到当期的收益中。

（二）旅游业典型案例分析

在对旅游行业公司的典型案例进行分析前，我们根据上一部分大样本回归验证后的 Logit 回归模型，对旅游行业中各解释变量的显著性进行检验，首先进行市场指标检验，得出的结果如表6-7所示。

表6-7　旅游业市场指标自变量的系数及 P 值

	自变量	R_{t-1}	$\ln OF_t$	$\ln OF_{t-1}$	$Liquidity_t$	$Liquidity_{t-1}$	H_t	H_{t-1}
旅游业	大涨	-14.860	0.184	0.035	95.863	-109.7191	257.725	-375.623
		0.069 *	0.000 **	0.117	0.000 **	0.000 **	0.181	0.050 **
	大跌	-33.463	-0.234	0.059	-7.480	0.387	-427.484	298.548
		0.004 **	0.000 **	0.021 **	0.711	0.984	0.156	0.318

从表6-7的结果我们可以看出：

在市场回报率大涨的情况下，t 期的订单流 $\ln OF$、t 期和 $t-1$ 期的流动性均保持很好的显著性水平，这表明旅游业与其他行业一样，价值回报受到订单流和流动性的显著影响，同时，上一期的收益率 R_{t-1} 对本期的价值回报在10%的显著水平下也有显著影响。另外，上一期的风险 H_{t-1} 对本期的超高价值回报存在负向的显著影响，即旅游业股票市场前一期的风险对本期高额价值回报出现的概率起到抑制作用，上期风险越大，本期越不可能出现较高的价值回报。

在大跌的情况下，自变量的显著性出现了较大的变化，流动性和风险对股票价值回报的影响不再明显，反而上一期的收益率和上一期的订单流开始对价值回报产生影响。然后，我们进行财务指标检验：

表 6 - 8　旅游业大涨情况下财务指标自变量的系数及 P 值

自变量	R_{t-1}	$\ln OF_t$	$\ln OF_{t-1}$	$Liquidity_t$	$Liquidity_{t-1}$	H_t	H_{t-1}
大涨	- 145.3646 0.0265 **	36.85610 0.0742 *	- 7.148581 0.6344	- 0.057804 0.8864	0.009553 0.5766	- 1674.761 0.1905	1738.967 0.1898

从财务指标我们可以看出，旅游业收益率大涨的可能性受到上期收益率和本期净资产变动率的显著影响，在 20% 的显著水平下，风险 H_t 和 H_{t-1} 存在一定的显著效应。我国的旅游业公司目前多处于高速发展阶段，对资本存在很高的需求，当旅游公司获得大额的资金注入或战略支持时（净资产变动率 $\ln OF$），公司收益率将得到很大的改观。此外，旅游行业收入受到节假日和季节性的影响，造成上期收益 R_{t-1} 与本期收益的反向关系。

在进行典型案例分析时，我们选择中青旅（600138）作为研究对象，中青旅作为我国旅游行业的翘楚，主要从事入境旅游、国内旅游、中国公民自费出境旅游、会议展览、景区、商旅及观光业务等，业务范围广泛，成立 15 年来，取得了一系列的成就，1998 年至 2011 年底，中青旅累计接待游客 1200 余万人，实现营业收入 432.8 亿元，2012 年底流通股数为 4.15 亿股，总资产 77.8 亿元，营业收入 102.8 亿元，在所有旅游行业中排名第 3，净利润增长率为 10.5%。公司上市以来，中青旅秉承"发展决定一切"的价值取向，以不断创新的精神，完成企业公司化改造和公司市场化改革，向着国际化大型旅游运营商的目标前进，不断成长壮大，成为旅游行业中的优秀企业之一。作为中国旅游行业的领先品牌和综合运营商，中青旅坚持以创新为发展的根本推动力，不断推进旅游价值链的整合与延伸，在观光旅游、度假旅游、会展旅游、差旅管理、景区开发、酒店运营等领域具有卓越的竞争优势。中青旅旗下拥有山水酒店、乌镇、百变自由行、中青旅会展、遨游网等一系列在国内比较有名的旅游企业和旅游产品品牌，截至 2012 年，中青旅年接待游客已突破 150 万人次，营业收入 80 多亿元，正成为一家具有品牌形象良好、市场份额大、跨地域、跨产业链运营的国际化现代旅游集团，公司的旅游主业涉及旅游行业的多个方面，具有广泛的代表性，其中包括：①入境旅游，中青旅观察市场变化，关注客户需求，通过掌握关键资源和加强业务管理，巩固并提升在主要来华客源国的市场地位；②观光旅游，中青旅观光旅游业务为广大消费者提供品质、性价比较高的全球旅游产品和服务，为企事业单位团体、集团客户提供个性化、品质化的旅游定制服务，同时公司遵循"关注细节、关注感受"的服务目标，通过合理、标准的产品设计，使游客享受专业的服务，获得了一定的市场认可；③会展旅游；④商务旅游；⑤景区业务，中青旅坚持将景区业务作为公司主业的重要分支，深化以乌镇旅游为重心的景区业务，赋予乌镇景区文化内涵，重点培养散客、入境和会展市场，使之成为中国最佳休闲度假和会展旅游目的地之一；⑥酒店业务，酒店业务是目前盈利水平最高的组成部分，公司坚持将连锁商务酒店业务作为主业的重要分支，以中青旅山水为发展平台，明确"商务时尚酒店"的基本产品定位，立足于深圳和北京，形成环渤海地区、珠三角地区两大核心业务区域，逐步成为国内一流的中档商务连锁酒店品牌。由于中

青旅在旅游行业中的代表性地位以及在股票市场的优异表现，我们选取
其作为研究对象。

与市场指标相比，公司的财务指标数据过少（市场指标 1217 个，
财务指标 31 个），加之单个公司的财务数据更具不稳定性，也缺乏代表
性，在这里，我们只选取中青旅的市场指标进行分析，通过进行 Logit
回归，结果如表 6 - 9 所示。

表 6 - 9　中青旅市场指标自变量的系数及 P 值

自变量		R_{t-1}	$\ln OF_t$	$\ln OF_{t-1}$	$Liquidity_t$	$Liquidity_{t-1}$	H_t	H_{t-1}
中青旅	大涨	- 9.769904	4.613659	0.004204	59.61381	- 28.17362	- 198.7920	291.6601
		0.2211	0.000 **	0.8665	0.0001 **	0.0829 *	0.0752 *	0.0097 **
	大跌	- 14.05064	- 2.006458	0.038253	18.52656	- 10.50827	91.23583	- 31.79331
		0.0633 *	0.000 **	0.0602 *	0.0460 **	0.1972	0.3127	0.7155

注：＊表示在 10% 的水平上显著；＊＊表示在 5% 的水平上显著。

从表 6 - 9 的数据中，我们可以看出：

在大涨的市场状况下，中青旅公司 t 期订单流、流动性及两期的风
险均在 95% 的置信区间下显著，而且 $t-1$ 期的流动性在 10% 的置信区
间也是显著的，这与旅游行业整体的 Logit 回归效果相似（见表 6 - 8）。
Logit 回归在中青旅身上的解释力度由于行业平均水平，不但上期的风
险对本期的超高回报概率起促进作用，而且本期风险 H_t 也对本期的价
值回报产生影响。中青旅作为行业中发展较为良好、具有代表性的公
司，很好地满足了市场的预期和有效市场假设的要求。由大涨条件下的
表现我们可以得出，中青旅存在风险波动，且风险波动对公司的收益存
在显著的影响。

在大跌的情况下，中青旅公司的 Logit 回归结果与旅游行业的整体
状况很相似，其中，本期订单流 $\ln OF_t$ 和流动性 $Liquidity_{t-1}$ 在 95% 的置

信区间内显著，上期的收益率 R_{t-1} 和上期的订单流 $\ln OF_{t-1}$ 在 90% 的置信区间内显著，由此可以看出，在大跌的情况下，本期变量的表现对本期价值回报的影响大于上期变量的影响。此外，波动风险 H_t 和 H_{t-1} 对本期价值回报并没有显著影响，即波动风险与中青旅公司大跌的可能性之间没有显著关系。

六 本章小结

在进行价值链风险溢出与价值回报检验时，我们首先对行业价值链的市场指标和财务指标进行大样本检验，在验证模型的基础上，进一步对旅游行业以及旅游行业中的典型公司——中青旅——进行市场指标的 Logit 回归分析，在行业指标的回归分析中，我们得出对旅游行业价值回报具有显著影响的因素，并识别出大涨和大跌情况下各变量的显著性不同的状况，对此进行了宏观的解释。另外，我们还得出财务指标与市场指标存在一定的差异性，这可能是由于我们选取的财务指标代表性不如市场指标广泛，也可能是由财务指标本身的特点决定，财务指标的样本数据受到财务报表数量的限制，因此样本数量不够大，代表性不如市场指标，在对单个公司的财务指标进行线性概率回归研究时，数量的限制是无法忽略的。

第七章 价值链投资转移与价值回报的互动关系

一 研究对象

本章紧紧围绕在价值链存在风险波动溢出时，投资转移与价值回报的关系展开研究。在选定研究对象时，根据 2013 年第一季度证监会发布的《证监会行业分类》，选取的是以旅游业为主的，道路运输业，酒、饮料、茶业，零售业，农业，食品制造业六大行业中的节点企业作为本次实证分析的研究对象。关于投资转移以及价值回报进行了详细的总结和梳理。我们首先统计宏观经济指标以及上市公司的数据，通过联立方程中互动关系模型来实证分析在价值链风险溢出中，投资转移和价值回报之间的关系。根据实证结果探讨了影响上市公司制定治理机制的因素。本章主要通过实证分析来研究互动联立模型中的风险溢出相关变量（即 SP 变量）和控制变量（即 Control 变量）中因素变量对投资转移与价值回报间互动关系的影响。

（一）SP 变量

在互动关系模型中，SP 变量和 Control 变量均为外生变量，即解释变量。SP 变量是一组与风险溢出因素有关的变量，这组变量可以是基本面因素变量（包括市场环境、宏观经济冲击以及共同资金约束）也可以是纯粹因素变量（包括价值链或节点企业的风险控制能力、风险属性）。因此在综合考量后，SP 变量选择了宏观经济冲击以及风险属性作为衡量指标。

（二）Control 变量

在互动关系模型中，SP 变量和 Control 变量均为外生变量，即解释变量。本章将行业中的节点企业规模，以及企业所有制性质和所处行业作为 Control 变量的替代变量进行实证分析。

1. 节点企业规模

企业规模是指劳动者、劳动手段、劳动对象等生产要素和产品在企业里集中的程度。我们用企业总资产的自然对数来衡量节点企业的规模，并假设企业规模与净资产收益率（ROE）为正相关的关系。

2. 所处行业

所处行业一般是指企业所在的其按生产同类产品或具有相同工艺过程或提供同类劳动服务划分的经济活动类别。对于我国上市公司，所处行业划分范围依据不同，划分的标准也不同。一般的研究，将所处行业用哑变量来表示。

3. 所有制性质

所有制性质是指组成公司的股东资金来源性质，即是国有还是民营、外资或者混合，由此明确企业的资产增值及收益的归属。一般的研究将所有制性质处理成哑变量。

二　研究方法

本章运用了联立方程模型和三阶段最小二乘法，在价值链风险溢出量化模型中对各行业价值链（行业分别为旅游业、道路运输业、零售业、农业、食品制造业以及酒、饮料、茶业等）中的企业价值回报和投资转移的关系进行了具体分析，对两者的相关关系做了相对充分的研究和验证。

研究方法具体如下：①文献分析法。查阅相关文献，包括各个衡量指标的选定以及各个变量联立方程模型以及变量、样本的选取；②统计与计量分析法。通过大量统计数据和图表对六条价值链中的企业价值回报和投资转移进行数据分析，并且采用计量模型中联立方程的建立对价值回报和投资转移的互动关系进行了实证分析。

三　研究假设

假设1：投资转移与价值回报不相关。投资转移与价值回报之间不具有明显的影响关系。企业的投资转移对于企业的净资产收益率没有显著的影响，并且企业的价值回报不论是提高还是降低对于企业的投资转移没有显著的影响。但是两者分别随着宏观经济冲击、风险因素或者企业规模以及所处行业的变动而变动。

假设2：投资转移与价值回报正相关。这表明随着风险的波动，投资从较高风险的企业外部转移至风险较低的企业内部，并且会提高企业的净资产收益率（ROE），即价值回报。相应的，当企业的资产收益率（ROE）提高时，也会吸引外部投资。

假设 3：投资转移与价值回报负相关。这表明随着风险的波动，投资从风险较高的企业内部转移至风险较低的企业外部，并且企业的净资产收益率（ROE）降低，即价值回报。相应的，当企业的资产收益率（ROE）降低时，也会导致投资撤出。

四　模型建立

三阶段最小二乘法在参数估计过程中考虑了跨方程的相关性。联立方程组如下：

$$\begin{cases} FL_{i,t} = \alpha_0 + \alpha_1 R_{i,t} + \sum_{k=1}^{n} \varepsilon_k SP_{i,t} + \sum_{k=1}^{n} \eta_k \text{Control}_{i,t} \\ R_{i,t} = \beta_0 + \beta_1 FL_{i,t} + \sum_{k=1}^{n} \lambda_k SP_{i,t} + \sum_{k=1}^{n} \gamma_k \text{Control}_{i,t} \end{cases} \qquad (7-1)$$

式（7-1）中：FL 为投资转移，R 为价值回报。SP 是一组与风险溢出因素有关的变量，包括宏观经济冲击 sp1，以及风险属性 sp2。Control 为一组控制变量，包括企业规模 Co1、所处行业 Co2。α 和 β 为误差项。

第一个等式，考察了与风险溢出有关的变量（宏观经济冲击 sp1，以及风险属性 sp2）、控制变量（企业规模 Co1、所处行业 Co2）以及价值回报对于投资转移是否产生了显著影响。第二个等式，考察了与风险溢出有关的变量（宏观经济冲击 sp1，以及风险属性 sp2）、控制变量（企业规模 Co1、所处行业 Co2）以及投资转移对价值回报是否具有解释能力。

五　变量选取

在联立方程中，*SP* 变量和 Control 变量是外生变量，即解释变量。*SP* 变量是一组与风险溢出因素有关的变量，可以是基本面因素变量（包括市场环境、宏观经济冲击以及共同资金约束），也可以是纯粹因素变量（包括价值链或节点企业的风险控制能力、风险属性）。从量化的难易度考察，例如价值链或节点企业的风险控制能力的量化一般采用专家调查法进行，相对来说量化起来不是很精确。因此在综合考量后，*SP* 变量选择了宏观经济冲击以及风险属性作为衡量指标。对于宏观经济冲击变量来说，很多学者从四个角度的因素来衡量：国内生产总值、股票价格指数、房地产价格指数、一年期存贷款利差。研究者主要从两方面（产业结构、整体供需）宏观经济冲击由于本课题研究的是价值链之间的风险溢出关系，因而集中于对产业结构的考量。此外，由于宏观经济冲击只是与风险溢出有关的变量的一个影响因素，综合以上两个原因，只选择了国内生产总值 *GDP* 的自然对数作为宏观经济冲击的衡量指标。选取各行业风险因子作为风险属性的衡量指标，因为风险因子变量是以各行业价值链的财务指标为基础计算得出的，更能够充分地表现出不同价值链下不同企业的风险属性，因此选择风险因子 H_t 作为风险属性的衡量变量。而 Control 变量中选择的企业规模一般采用企业总资产的自然对数来衡量。

投资转移和价值回报是内生变量，即被解释变量，但是两者也互为对方的解释变量。由于企业的投资转移不易量化，因此我们选择投资转移的概率值作为投资转移的衡量指标。而价值回报可以用市场指标和财务指标两种方式来衡量。由于宏观经济冲击变量采用 GDP 作为衡量指标。综上所述，从选择数据角度的考虑，本章节采用财务指标净资产收益率（ROE）来表示价值回报。

六　数据选取

本课题选取六条价值链中（旅游业，道路运输业，酒、饮料、茶业，零售业，农业，食品制造业）2005 年第一季度至 2012 年第三季度上市的沪深上市企业为研究对象，利用 2005～2012 年八年季度财务数据实证检验两者之间的交互关系。所用数据来源于国泰安公司的Csmar数据库和 Resset 以及国家统计局年鉴，其他数据来源于以上数据的基本处理计算。

数据筛选的标准为：

（1）剔除非正常交易的股票数据；

（2）剔除沪深 A 股之外的所有股票，防止 ST 类股票波动性较大带来的影响；

（3）所选择的股票必须在整个研究期间持续存在并正常交易。

最终确定的样本为包括旅游业，道路运输业，酒、饮料、茶业，零售业，农业，食品制造业六个行业的上市公司自 2005～2012 年 31 个季度的大样本数据。

七 实证检验

本章节采用 Eviews 软件，应用三阶段最小二乘法对上述联立方程模型中的参数进行估计。各行业价值链的估计结果分别如下。

（一）旅游业价值链的实证结果分析

表 7-1 旅游业价值链三阶段最小二乘法结果

System：UNTITLED

Estimation Method：Three - Stage Least Squares

Date：06/27/13   Time：18：41

Sample：1 31

Included observations：31

Total system（balanced）observations 62

Linear estimation after one - step weighting matrix

	Coefficient	Std. Error	t - Statistic	Prob.
C（1）	14. 34600	9. 404582	1. 525426	0. 1332
C（2）	17. 32011	8. 319258	2. 081930	0. 0423
C（3）	139. 1159	85. 20590	1. 632703	0. 1086
C（4）	- 0. 784150	0. 896127	- 0. 875043	0. 3856
C（5）	- 0. 480316	0. 530290	- 0. 905760	0. 3692
C（6）	- 0. 314191	0. 195249	- 1. 609185	0. 1136
C（7）	0. 007528	0. 003616	2. 081930	0. 0423
C（8）	- 3. 573623	1. 733418	- 2. 061605	0. 0443
C（9）	0. 065931	0. 014419	4. 572381	0. 0000
C（10）	- 0. 012789	0. 010956	- 1. 167300	0. 2484
Determinant residual covariance	1. 26E - 05			

Equation：SER01 = C (1) + C (2) × SER02 + C (3) × SER03 + C (4) × SER04 + C (5) × SER05

Instruments：SER01 SER02 SER03 SER04 SER05 C

Observations：31

R – squared	0.092679	Mean dependent var	0.322581
Adjusted R – squared	– 0.046908	S. D. dependent var	0.475191
S. E. of regression	0.486208	Sum squared resid	6.146365
Durbin – Watson stat	2.358596		

Equation：SER02 = C (6) + C (7) × SER01 + C (8) × SER03 + C (9) × SER04 + C (10) × SER05

Instruments：SER01 SER02 SER03 SER04 SER05 C

Observations：31

R – squared	0.439878	Mean dependent var	0.031680
Adjusted R – squared	0.353706	S. D. dependent var	0.012609
S. E. of regression	0.010137	Sum squared resid	0.002671
Durbin – Watson stat	2.461554		

　　根据表 7 - 1 的结果可以看出三阶段最小二乘法的回归结果，得到了旅游业的投资转移和价值回报互动关系方程式，最后完成估计的联立方程式的系数。从第一个投资转移方程来看，价值回报 R_t 的回归系数在 5% 的水平上显著，并且对应的系数 C (2) 估计值为 17.32011，说明价值回报对投资转移起促进作用，即价值回报越高，越容易出现投资转移，即吸引外部投资。风险溢出 SP 变量 H_t 的回归系数在 5% 的水平上显著，并且对应的系数 C (3) 估计值为 139.1159，表明风险水平越高，越容易导致投资转移。从第二个价值回报方程来看，投资转移 *flight* 的回归系数同上一个方程的结果，表明投资转移对价值回报起促

进作用，即投资转移的概率越高，价值回报越高。风险溢出 SP 变量中 H_t 的回归系数在 5% 的水平上显著，并且对应的系数 C（8）估计值为 -3.573623，表明风险水平越高，价值回报越低。SP 变量中 GDP 的回归系数在 5% 的水平上显著，并且对应系数大于 0，表明在宏观经济冲击下，国内生产总值越高，价值回报越大。但是行业平均规模对于旅游业的价值回报和投资转移的回归系数均不显著，可能是因为中国的旅游业种类广泛，规模庞大，因此总体的价值回报和投资转移受企业规模影响较小。

（二）道路运输业价值链的实证结果分析

表 7 - 2　道路业三阶段最小二乘法结果

System：UNTITLED
Estimation Method：Three – Stage Least Squares
Date：06/27/13　Time：10：40
Sample：1 31
Included observations：31
Total system（balanced）observations 62
Linear estimation after one – step weighting matrix

	Coefficient	Std. Error	t – Statistic	Prob.
C（1）	- 85. 89198	215. 3495	- 0. 398849	0. 6916
C（2）	10. 38414	4. 098373	2. 533722	0. 0143
C（3）	450. 6699	2727. 858	0. 165210	0. 8694
C（4）	- 1. 713841	1. 100551	- 1. 557257	0. 1255
C（5）	3. 035529	1. 468196	2. 067523	0. 0437
C（6）	- 5. 923269	8. 917415	- 0. 664236	0. 5095
C（7）	0. 017984	0. 007098	2. 533722	0. 0143

续表

	Coefficient	Std. Error	t – Statistic	Prob.
C (8)	129. 1139	110. 9226	1. 164000	0. 2497
C (9)	0. 215597	0. 024839	8. 679661	0. 0000
C (10)	– 0. 300689	0. 032711	– 9. 192276	0. 0000
Determinant residual covariance	2. 85E – 05			

Equation：SER01 = C (1) + C (2) × SER02 + C (3) × SER03 + C (4) × SER04 + C (5) × SER05

Instruments：SER01 SER02 SER03 SER04 SER05 C

Observations：31

R – squared	0. 266023	Mean dependent var	0. 677419
Adjusted R – squared	0. 153104	S. D. dependent var	0. 475191
S. E. of regression	0. 437304	Sum squared resid	4. 972099
Durbin – Watson stat	1. 551530		

Equation：SER02 = C (6) + C (7) × SER01 + C (8) × SER03 + C (9) × SER04 + C (10) × SER05

Instruments：SER01 SER02 SER03 SER04 SER05 C

Observations：31

R – squared	0. 752927	Mean dependent var	0. 071618
Adjusted R – squared	0. 714916	S. D. dependent var	0. 034085
S. E. of regression	0. 018199	Sum squared resid	0. 008611
Durbin – Watson stat	1. 505506		

　　根据表 7 - 2 的结果可以看出三阶段最小二乘法的回归结果，得到了道路运输业的投资转移和价值回报互动关系方程式，最后完成估计的联立方程式的系数如表 7 - 2 所示。风险溢出 SP 变量的系数没有得到回归性的检验，但是价值回报 R_t、投资转移 $flight$ 以及平均企业规模 Con 的回归系数得到了显著性检验，证明了假设二的观点。具体分析结果如下：价值回报 R_t、投资转移 $flight$ 的系数对应的 p 值在 5% 的水平上显著，表明了价值回报与投资转移为显著正相关关系，说明企业的价值回报越高，越容易出现投资转移，反之亦然，即二者有

相互促进的作用。行业平均企业规模 Con 回归系数对应的 p 值表明了控制变量的行业平均企业规模与投资转移和价值回报分别呈显著关系，且均在 5% 的水平上显著。而风险溢出 SP 变量系数的 p 值明显大于 10% 的显著水平，原因可能是道路运输业的风险溢出较小，对于投资转移和价值回报没有明显影响。

（三）酒、饮料、茶业价值链的实证结果分析

表7－3　酒、饮料、茶业三阶段最小二乘法结果

System：UNTITLED
Estimation Method：Three – Stage Least Squares
Date：06/27/13　Time：11：36
Sample：1 31
Included observations：31
Total system（balanced）observations 62
Linear estimation after one – step weighting matrix

	Coefficient	Std. Error	t – Statistic	Prob.
C（1）	– 8.747713	14.38883	– 0.607952	0.5459
C（2）	4.775783	2.884830	1.655482	0.1039
C（3）	10.21269	5.242863	1.947922	0.0568
C（4）	– 1.897609	0.866250	– 2.190601	0.0330
C（5）	1.338874	0.769833	1.739175	0.0879
C（6）	– 0.921607	0.865303	– 1.065069	0.2918
C（7）	0.017711	0.010699	1.655482	0.1039
C（8）	– 0.986551	0.286647	– 3.441697	0.0011
C（9）	0.269251	0.028087	9.586335	0.0000
C（10）	– 0.087225	0.046535	– 1.874415	0.0665
Determinant residual covariance	5.98E – 05			

Equation：SER01 = C（1）＋ C（2）×SER02 ＋ C（3）×SER03 ＋ C（4）×SER04 ＋ C（5）×SER05
Instruments：SER01 SER02 SER03 SER04 SER05 C
Observations：31

续表

R – squared	0.320184	Mean dependent var	0.709677
Adjusted R – squared	0.215597	S. D. dependent var	0.461414
S. E. of regression	0.408659	Sum squared resid	4.342050
Durbin – Watson stat	1.750651		

Equation：SER02 = C（6）+ C（7）× SER01 + C（8）× SER03 + C（9）× SER04 + C（10）× SER05

Instruments：SER01 SER02 SER03 SER04 SER05 C

Observations：31

R – squared	0.842741	Mean dependent var	0.111077
Adjusted R – squared	0.818548	S. D. dependent var	0.058423
S. E. of regression	0.024887	Sum squared resid	0.016103
Durbin – Watson stat	1.414744		

根据表 7 – 3 的结果可以看出三阶段最小二乘法的回归结果，得到了酒、饮料、茶业的投资转移和价值回报互动关系方程式，最后完成估计的联立方程式的系数如表 7 – 3 所示。风险溢出 SP 变量的系数、价值回报 R_t、投资转移 $flight$ 以及平均企业规模 Con 的回归系数全部得到了显著性检验，证明了假设二的观点。具体分析结果如下：价值回报 R_t、投资转移 $flight$ 的系数对应的 p 值在 10% 的水平上微弱显著，表明了价值回报与投资转移之间为正相关关系，说明企业的价值回报越高，越容易出现投资转移，反之亦然，即二者有相互促进的作用。行业平均企业规模 Con 回归系数对应的 p 值表明了控制变量的行业平均企业规模与投资转移和价值回报分别呈显著关系，且均在 10% 的水平上显著。而风险溢出 SP 变量系数的 p 值均在 5% 的显著水平，说明酒、饮料、茶行业的投资转移和价值回报均受到宏观经济冲击（即国内生产总值）以及风险溢出水平的影响。

（四）零售业价值链的实证结果分析

根据表 7 - 4 的结果可以看出三阶段最小二乘法的回归结果，得到了零售业的投资转移和价值回报互动关系方程式，最后完成估计的联立方程式的系数如表中所示。风险溢出 SP 变量的系数以及平均企业规模

表 7 - 4　零售业三阶段最小二乘法结果

System：UNTITLED

Estimation Method：Three - Stage Least Squares

Date：06/27/13　Time：00：34

Sample：1 31

Included observations：31

Total system（balanced）observations 62

Linear estimation after one - step weighting matrix

	Coefficient	Std. Error	t - Statistic	Prob.
C（1）	- 6. 805965	11. 96296	- 0. 568920	0. 5719
C（2）	20. 58110	6. 750974	3. 048613	0. 0036
C（3）	- 9. 742182	12. 88993	- 0. 755798	0. 4532
C（4）	0. 035166	0. 990334	- 0. 513192	0. 6100
C（5）	0. 306962	0. 546068	0. 562132	0. 5764
C（6）	0. 124107	0. 296179	0. 419027	0. 6769
C（7）	0. 012546	0. 004115	3. 048613	0. 0036
C（8）	0. 860189	0. 275207	3. 125609	0. 0029
C（9）	0. 252714	0. 028060	0. 747571	0. 4581
C（10）	- 0. 005919	0. 013514	- 0. 438031	0. 6632
Determinant residual covariance	1. 13E - 05			

Equation：SER01 = C（1）+ C（2）× SER02 + C（3）× SER03 + C（4）× SER04 + C（5）× SER05

Instruments：SER01 SER02 SER03 SER04 SER05 C

Observations：31

R - squared	0. 092136	Mean dependent var	0. 290323
Adjusted R - squared	- 0. 047535	S. D. dependent var	0. 461414
S. E. of regression	0. 472254	Sum squared resid	5. 798614
Durbin - Watson stat	2. 479151		

Equation：SER02 = C（6）+ C（7）× SER01 + C（8）× SER03 + C（9）× SER04 + C（10）× SER05

Instruments：SER01 SER02 SER03 SER04 SER05 C

Observations：31

R – squared	0.397491	Mean dependent var	0.031168
Adjusted R – squared	0.304797	S. D. dependent var	0.013984
S. E. of regression	0.011660	Sum squared resid	0.003535
Durbin – Watson stat	2.142769		

Con 的回归系数全部没有得到显著性检验，但是价值回报 R_t、投资转移 $flight$ 的回归系数显著，证明了假设二的观点。具体分析结果如下：价值回报 R_t、投资转移 $flight$ 的系数对应的 p 值在 5% 的水平上微弱显著，表明了价值回报与投资转移之间为正相关关系，说明企业的价值回报越高，越容易出现投资转移，反之亦然，即二者有相互促进的作用。行业平均企业规模 Con 回归系数对应的 p 值以及风险溢出 SP 变量系数的 p 值均不显著，说明零售行业的投资转移和价值回报基本不受宏观经济冲击（即国内生产总值 GDP）以及风险溢出水平的影响。

（五）农业价值链的实证结果分析

表 7 – 5 农业三阶段最小二乘法结果

System：UNTITLED

Estimation Method：Three – Stage Least Squares

Date：06/27/13 Time：12：03

Sample：1 31

Included observations：31

Total system（balanced）observations 62

Linear estimation after one – step weighting matrix

	Coefficient	Std. Error	t – Statistic	Prob.
C（1）	– 7.240153	18.69862	– 0.387203	0.7002
C（2）	11.48477	5.174654	2.219428	0.0308

续表

	Coefficient	Std. Error	t – Statistic	Prob.
C (3)	– 364. 3215	472. 5903	– 0. 770904	0. 4443
C (4)	– 0. 822487	0. 755685	– 1. 088399	0. 2814
C (5)	1. 154913	0. 907383	1. 272796	0. 2088
C (6)	0. 716308	0. 610891	1. 172564	0. 2463
C (7)	0. 012780	0. 005758	2. 219428	0. 0308
C (8)	– 10. 93083	15. 79602	– 0. 691999	0. 4920
C (9)	0. 032665	0. 024990	1. 307131	0. 1969
C (10)	– 0. 034167	0. 030451	– 1. 122044	0. 2670
Determinant residual covariance	4. 06E – 05			

Equation：SER01 = C (1) + C (2) × SER02 + C (3) × SER03 + C (4) × SER04 + C (5) × SER05

Instruments：SER01 SER02 SER03 SER04 SER05 C

Observations：31

R – squared	0. 090304	Mean dependent var	0. 483871
Adjusted R – squared	– 0. 049649	S. D. dependent var	0. 508001
S. E. of regression	0. 520459	Sum squared resid	7. 042807
Durbin – Watson stat	2. 174095		

Equation：SER02 = C (6) + C (7) × SER01 + C (8) × SER03 + C (9) × SER04 + C (10) × SER05

Instruments：SER01 SER02 SER03 SER04 SER05 C

Observations：31

R – squared	0. 062755	Mean dependent var	0. 021193
Adjusted R – squared	– 0. 081437	S. D. dependent var	0. 016695
S. E. of regression	0. 017362	Sum squared resid	0. 007837
Durbin – Watson stat	2. 426817		

　　根据表 7 - 5 的结果可以看出三阶段最小二乘法的回归结果，得到了农业的投资转移和价值回报互动关系方程式，最后完成估计的联立方程式的系数如表 7 - 5 所示。风险溢出 SP 变量的系数以及平均企业规模 Con 的回归系数全部没有得到显著性检验，但是价值回报 R_t、投资转移

flight 的回归系数显著，证明了假设二的观点。具体分析结果如下：价值回报 R_t、投资转移 *flight* 的系数对应的 p 值在 5% 的水平上微弱显著，表明了价值回报与投资转移之间为正相关关系，说明价值回报越高，越容易出现投资转移，反之亦然，即二者有相互促进的作用。行业平均规模 *Con* 回归系数对应的 p 值以及风险溢出 *SP* 变量系数的 p 值均不显著，说明农业的投资转移和价值回报基本不受宏观经济冲击以及风险溢出水平的影响。

（六）食品制造业价值链的实证结果分析

表 7 - 6　食品制造业三阶段最小二乘法结果

System：UNTITLED
Estimation Method：Three – Stage Least Squares
Date：06/27/13　Time：12：21
Sample：1 31
Included observations：31
Total system（balanced）observations 62
Linear estimation after one – step weighting matrix

	Coefficient	Std. Error	t – Statistic	Prob.
C (1)	22. 66055	6. 769161	3. 347615	0. 0015
C (2)	35. 98694	7. 056837	5. 099584	0. 0000
C (3)	– 25. 76199	15. 90985	– 1. 619248	0. 1114
C (4)	0. 484454	0. 375883	1. 288843	0. 2032
C (5)	– 1. 200729	0. 421221	– 2. 850589	0. 0062
C (6)	– 0. 427548	0. 146967	– 2. 909144	0. 0053
C (7)	0. 015501	0. 003040	5. 099584	0. 0000
C (8)	0. 920164	0. 286047	3. 216823	0. 0022
C (9)	– 0. 011327	0. 007716	– 1. 467906	0. 1482
C (10)	0. 023672	0. 008909	2. 657178	0. 0104
Determinant residual covariance	2. 91E – 06			

Equation：SER01 = C (1) + C (2) × SER02 + C (3) × SER03 + C (4) × SER04 + C (5) × SER05
Instruments：SER01 SER02 SER03 SER04 SER05 C
Observations：31

续表

R – squared	0. 261027	Mean dependent var	0. 516129
Adjusted R – squared	0. 147339	S. D. dependent var	0. 508001
S. E. of regression	0. 469086	Sum squared resid	5. 721080
Durbin – Watson stat	2. 528081		

Equation：SER02 = C (6) + C (7) × SER01 + C (8) × SER03 + C (9) × SER04 + C (10) × SER05

Instruments：SER01 SER02 SER03 SER04 SER05 C

Observations：31

R – squared	0. 415535	Mean dependent var	0. 014614
Adjusted R – squared	0. 325618	S. D. dependent var	0. 011855
S. E. of regression	0. 009736	Sum squared resid	0. 002464
Durbin – Watson stat	2. 525406		

根据表 7 - 6 的结果可以看出三阶段最小二乘法的回归结果，得到了食品制造业的投资转移和价值回报互动关系方程式，最后完成估计的联立方程式的系数如表 7 - 6 所示。价值回报 R_t、投资转移 *flight* 的回归系数显著，证明了假设二的观点。具体分析结果如下：价值回报 R_t、投资转移 *flight* 的系数对应的 p 值在 5% 的水平上显著，表明了价值回报与投资转移之间为正相关关系，说明企业的价值回报越高，越容易出现投资转移，反之亦然，即二者有相互促进的作用。行业平均企业规模 *Con* 回归系数对于价值回报和投资转移全部在 5% 的水平上显著，说明食品制造业的投资转移和价值回报明显受到行业中企业规模的影响。而国内生产总值 *GDP* 对于价值回报和投资转移均不显著，说明中国的国内生产总值 *GDP* 与食品制造业的价值回报与投资转移基本无关。而价值链风险溢出水平对于食品制造业的投资转移不显著，说明食品制造业的投资转移基本不受价值链风险溢出的水平影响。

八　本章小结

本章通过建立各行业价值链的风险溢出中价值回报和投资转移的联立方程，探讨了其双向互动关系的估计结果。

以旅游业为例，风险波动越大越容易产生投资转移，价值回报越小。并且价值回报越大，越容易产生投资转移，即吸引外部投资。反之亦然。各行业价值链易受宏观经济冲击以及风险水平的影响，因此其价值回报和投资转移易受风险溢出因素的影响。但是相对于其他行业价值链来说，农业价值链受风险溢出影响较小。

实证研究结果表明，各行业价值链中的上市企业的价值回报和投资转移存在显著的相互作用关系，价值链的价值回报越大，越容易引起正向投资转移，与风险溢出因素的风险水平普遍负相关，说明价值回报在一开始随着投资转移的提高而提高，但是一旦出现风险溢出，价值回报就会随着风险溢出水平的提高而下降。

第八章　结论

本书从价值链的角度对价值链之间的风险溢出效应等进行研究。一方面构建 GARCH、Logit、联立方程等模型，另一方面使用独立成分分析、三阶段最小二乘法等分析方法，实证研究了旅游业价值链风险溢出的因素和测度、旅游业价值链风险溢出对投资转移和价值回报的量化模型以及价值链投资转移与价值回报的互动关系等，相互之间紧密相连、实证结果前后呼应。我们通过大量的大样本数据以及典型案例分析，得出以下几点结论。

第一，结合行业价值链的自身特点，从可能引起的原因看，"风险溢出"的研究可分为基本面因素和纯粹因素两大类。基本面因素宏观地影响旅游业价值链的风险溢出，而纯粹因素也是在研究旅游业价值链风险溢出时不可忽略的因素，正是由于纯粹因素的影响，因此对企业内部提升自身风险控制管理水平提出了更高的要求。

第二，对于风险管理与动态旅游业投资组合来说，测定旅游业价值链之间的风险溢出是很重要的，但研究多个旅游业价值链对一个旅游业价值链的共同风险溢出则更为重要。进行旅游业价值链风险测度时不仅可以选取市场指标日收益率，也可选取财务指标净资产收益率，两者实证结论相符。而市场指标比财务指标能够更有效、更合理地反映短期内旅游业价值链风险溢出效应的变化，从而旅游业价值链的风险溢出测度能够为实际的风险管理工作提供更具实用价值的参考。

第三，价值链风险溢出对投资转移产生显著影响，由于行业价值链有自身的特点，有些行业产生显著双向转移影响，有些行业产生显著单向转移影响。无论是利用市场指标还是财务指标进行分析，风险溢出因素对投资转移的影响均非常显著，而对于交易量和流动性两个因素来说，采用市场指标时对投资转移的影响更加显著。对旅游业进行实证及典型案例分析均得出，旅游业价值链风险溢出对投资转移的影响十分显著。

第四，价值链风险溢出因素对价值回报的影响不尽相同。在大涨的情况下，相对于大跌时价值链风险溢出因素对价值回报的影响更加显著，而且流动性和订单流因素对价值回报均起持续显著作用，且相对于财务指标而言，使用市场指标研究更加有效。对旅游业进行实证及典型案例分析均得出，旅游业价值链风险溢出对价值回报具有非常显著的影响。

第五，价值链投资转移与价值回报之间存在着显著的互动关系。价值链的价值回报越高，行业的投资转移表现越显著；而价值回报也与风险溢出水平呈普遍负相关关系，价值回报越高，风险水平也随之越高，风险溢出水平则下降。就旅游业而言，其价值链投资转移与价值回报的互动关系与大样本数据实证结果相一致。

第六，随着金融全球化步伐的不断加快，全球金融危机的影响仍在延续，在世界产业经济结构性调整的大背景下，旅游业作为当之无愧的世界第一大产业必然会受到来自全球经济与金融市场的巨大冲击，旅游业今后的发展也必然会受到来自各市场、各行业价值链共同风险溢出效应的影响。希望本书能够为政策制定者、企业管理者以及投资者提供一定的帮助和参考。

参考文献

[1] 洪永淼，成思危，刘艳辉等．中国股市与世界其他股市之间的大风险溢出效应．中国经济季刊，2004，3（3）：703～726.

[2] 谷耀，陆丽娜，2006．沪、深、港股市信息溢出效应与动态相关性——基于 DCC－（BV）EGARCH－VAR 的检验．数量经济技术经济研究，8.

[3] 蒋翠侠，张世英．金融高阶矩风险溢出效应研究．中国管理科学，2009，1（17）：17－28.

[4] 朱克曼，埃米，陈颖奇译，2004．供应链管理．北京：华夏出版社：6.

[5] 戴相龙，2009．金融金融危机下的国际资本流动．会计研究，3：21－26.

[6] 黄峰，杨朝军．流动性风险与资产定价：来自我国股市的经验证据．管理世界，2007（5）：30－48.

[7] 阎达五，尹美群．2003．基于价值链管理理念的会计思想——价值链会计．财会时报（3.26）．

[8] 阎达五．价值链会计研究：回顾与展望．会计研究．2004，2.

[9] 尹美群,何广涛,张妍. 从价值链管理到价值链会计:理论框架与实务问题——第二届"价值链管理与价值链会计"研讨会综述. 会计研究. 2004. 12: 84-86.

[10] 李百兴. 价值链会计研究的几个理论问题. 财会通讯. 2003, 7.

[11] 綦好东, 2005. 价值链会计的学科定位及问题域. 会计研究: 11: 41-45.

[12] 綦好东,杨志强. 价值链会计的目标确定与职能定位. 会计研究. 2004, 2.

[13] 于富生,张敏. 论价值链会计管理框架. 会计研究. 2005, 11.

[14] 尹美群,胡国柳. 解读价值链管理与价值链会计的关系. 海南大学学报(人文社会科学版), 2004, 22 (4): 392-396.

[15] 蔡军,价值链管理中的会计假设模式探讨中国乡镇企业会计. 2005, 1.

[16] 王淑君,张胜,于富生. 价值链会计理论框架研究. 管理世界. 2008, 3.

[17] 谭艳艳. 基于价值链管理的会计信息系统重构. 会计之友. 2007, (2): 70-74.

[18] 孙茂竹. 管理会计的理论思考与框架. 北京:中国人民大学出版社, 2002.

[19] 王淑湘,叶长真. 波特理论在商业零售企业竞争中的应用. 河南社会科学, 2004, (2): 132.

[20] 黄继元. 旅游企业在旅游产业价值链中的竞争与合作. 经济问题探索, 2006, (9): 97-101.

[21] 杨路明,劳本信. 电子商务对传统旅游价值链的影响. 中国流通

经济, 2008（4）：38 – 41.

[22] 张捷，张进，刘佳. 基于价值链理论的科学技术与旅游业结合模式研究. 旅游科学, 2005,（19）：14 – 15.

[23] 刘蔚. 基于价值链（网络）理论的旅游产业竞争力分析. 北方经济, 2006,（9）：39 – 40.

[24] 马梅，E 时代旅游产业纵向交易关系研究.2004 年博士学位论文.

[25] 黄蕾. 黄山旅游：再造经营价值链. 财经界, 2004,（3）：86 – 89.

[26] 刘人怀，袁国宏. 我国旅游价值链管理探讨. 生态经济, 2007,（12）：102 – 104.

[27] 刘金全，崔畅. 中国沪深股市收益率和波动性的实证分析. 现代财经, 2004, 6：52 – 92.

[28] 赵留彦，王一鸣. A、B 股之间的信息流动与波动溢出. 管理科学学报, 2001, 4（5）：7 – 12.

[29] 汪素南，潘云鹤.2004. 美国股市与中国股市间溢出效应的实证研究. 浙江大学学报（工学版）, 38（11）：1431 – 1435.

[30] 张碧琼. 中国股票市场信息国际化：基于 EGARCH 模型的检验. 国际金融研究, 2005, 5：68 – 73.

[31] 方毅，张屹山. 国内外金融期货市场"风险传染"的实证研究. 金融研究, 2007, 5：133 – 146.

[32] 张瑞峰. 金融市场协同波动溢出分析及实证研究. 数量经济技术经济研究, 2006, 10：141 – 149.

[33] 杨毅, 2007. 中美股票市场间溢出效应与整合趋势研究. 海南大学学报（人文社会科学版）.3：273 – 278.

[34] 吴奉刚，王芙蓉. 国内外黄金市场风险传染的实证研究. 山东经

济，2009.3：97-101.

[35] 王鹰翔，张鲁欣. 基于向量 GARCH 模型的国际证券市场波动溢出研究. 管理评论，2011，6：49-53.

[36] 张良贵，石柱鲜. 我国股市行业间的收益与波动溢出效应研究——基于 VAR 模型构造溢出指数，2011，6：3-6.

[37] 陈志强，蔺思远. 沪、台、港三地与东南亚股票市场的风险溢出效应：基于面板 GO-EGARCH 模型的实证研究，2011，8（9）：29-31.

[38] 刘晓云，应瑞瑶，王陆. 股票市场风险溢出效应测度——基于欧债危机的分析，2013，3：43-48.

[39] 罗明华，田益祥，靳飞，李成刚. 定单流、流动性与股票市场的投资转移. 管理评论. 2011（7）.

[40] 傅建源. 股票与国债投资替代效应分析——基于中国上交所月度数据的分析. 金融经济. 2013（8）.

[41] 谭地军，田益祥，黄文光. 流动性补偿、市场内及跨市场"流动性转移"行为. 金融研究，2008，（9）：23-44.

[42] 谭地军，田益祥. 流动性的跨市场影响：共同因素还是流动性转移？金融学季刊，2009（2）：57-84.

[43] 靳飞，田益祥，谭地军. 股票之间的风险传染和投资转移. 系统工程，2009，27（7）：14-21.

[44] 靳飞，中国股票市场的风险传染和投资转移研究. 电子科技大学，2010.

[45] 苏冬蔚，麦元勋. 流动性与资产定价：基于我国股市资产换手率与预期收益的实证研究. 经济研究，2004（2）：95-105.

[46] 邓桑，杨朝军．汇率制度改革后中国股市与汇市关系——人民币名义汇率与上证综合指数的实证研究．金融研究，2008（1）：29－41．

[47] 舒家先，谢远涛．人民币汇率与股市收益的动态关联性实证研究．技术经济，2008（2）：116－120．

[48] 王璐，庞皓．中国股市和债市波动溢出效应的 MV－GARCH 分析．数理统计与管理，2009，28（1）：152－158．

[49] 郭立甫，黄强，高铁梅．中国外汇风险的识别和动态预警研究．国际金融研究，2013（2）：4－15．

[50] 卢永艳．宏观经济因素对企业财务困境风险影响的实证分析．宏观经济研究，2013（5）：53－58．

[51] 孙根年．新世纪中国入境旅游市场竞争态分析．经济地理．2005，25（1）：121－125．

[52] 顾祥柏，焦晓娟等．国际工程承包市场竞争环境量化分析．建筑经济．2011（1）：17－19．

[53] 冯根福，刘志勇，王新霞．股权分置改革、产权属性、竞争环境与公司绩效．当代经济科学．2008，30（5）：1－8．

[54] 刘淑莲，张广宝，耿琳．并购对价方式选择：公司特征与宏观经济冲击．审计与经济研究．2012，27（4）：55－65．

[55] 王旭华，陈钢．商贸旅游业上市公司股权结构对资本结构影响的实证研究．柴达木开发研究，2007（2）：54－57．

[56] 尹子民，夏天．财务能力的模糊综合评价研究与应用．会计工作，2008（5）：97．

[57] 孙维丰，陈立文．项目投资风险属性综合评价模型研究．建筑经

济，2006（7）：43-46.

[58] 古扎拉蒂. 计量经济学基础（第四版）. 中国人民大学出版社. 2005, 4.

[59] 郭晨，宋清华. 宏观经济冲击与我国银行间市场风险传染. 湖北经济学院学报. 2010, 8：36-44.

[60] 陈超. 宏观经济因素冲击下我国银行间市场的风险传染效应研究. 浙江工商大学. 2011.

[61] 孙维丰等. 项目投资风险属性综合评价模型研究. 建筑经济. 2006, 7：43-45.

[62] 胡永宏，贺思辉. 综合评价法. 科学出版社. 2000.

[63] 郭菊娥等. 集团公司战略风险属性的识别研究. 南开管理评论. 2005, 8：105-109.

[64] 姚禄仕，谢玮. 中国上市公司资本结构影响因素实证研究. 合肥工业大学证券期货研究所. 2008.

[65] 卢永艳. 宏观经济因素对企业财务困境风险影响的实证分析. 宏观经济研究，2013（5）：53-58.

[66] 应雯裙，仲文娜. 融通仓模式在解决供应链资金约束问题中的应用. 物流技术，2006, 11：66-69.

[67] 陈祥锋，朱道立，应雯裙. 资金约束与供应链中的融资和运营综合决策研究. 管理科学学报，2005, 11（3）：70-78.

[68] 段佳国. 关联策略：解决中小企业融资问题的新思路. 经济与管理，2004, 18（8）：44-45.

[69] 唐少艺. 物流金融实务研究. 内蒙古煤炭经济，2005, 35：13-17.

[70] 中野明. 图解高德拉特约束理论. 吴麒译，北京：中国人民大学

出版社, 2008, 12.

[71] 孙维丰, 陈立文, 孙奎霞, 刘广平. 项目投资风险属性综合评价模型研究. 建筑经济, 2006 (7): 43 - 46.

[72] 王诚, 项目投资风险属性综合评价模型研究. 科技资讯, 2006, (13): 210 - 211.

[73] 靳云汇, 李学. 中国股市 β 系数的实证研究. 数量经济技术经济研究, 2000, (01): 20 - 25.

[74] 黄威华. β 系数与证券投资风险的度量. 内蒙古财经学院学报, 2001, (03): 36 - 38.

[75] 吴文锋、芮萌、陈工孟. 中国股票收益的非流动性补偿. 世界经济, 2003, (07): .54 - 60.

[76] 胡勤勤. 中国股市 β 系数稳定性、时变性和影响因素的实证研究. 厦门大学. 2004.

[77] 宋薇. 我国上市银行系统性风险预测研究. 中国海洋大学. 2009.

[78] 崔丽花, 沈英. 公司股权结构对公司治理绩效影响的实证研究——以深圳证券交易所上公司为例. 延边大学学报 (社会科学版) . 2009, 06.

[79] 张福明. 企业成长与生产率、盈利能力的动态关系研究. 上海交通大学, 2011.

[80] 常悦, 李嘉璐, 邓波. 公司治理与盈余稳健性——基于沪深 A 股的经验证据. 现代商业. 2013, (17) . 260 - 263.

[81] 王宏. 连锁董事对我国上市公司价值影响研究. 东北农业大学, 2013.

[82] 李锦霖. 最终控制人与外资持股对企业价值影响研究. 广东工业

大学，2008.

[83] 蒋蕾. VC/PE 持股、股权结构与公司绩效. 浙江大学，2012.

[84] 祁晨. 资本结构与公司价值的实证研究. 西南财经大学，2012.

[85] 叶飞，张志利，李怡娜. 企业逆向物流活动内部驱动力与绩效关系研究. 工业技术经济，2008，(9)：99-103.

[86] 郗河. 企业社会责任特征对员工组织承诺及组织公民行为作用机制研究. 浙江大学，2009.

[87] 张兰霞，袁栋楠，牛丹，金越. 企业社会责任对财务绩效影响的实证研究以我国上市公司为研究对象. 东北大学学报（自然科学版）.2011，(02)：143-147.

[88] Hashmi, A. R., Tay, A. S., 2007. "Global regional sources of risk in equity evidence from factor models with time varying conditional skewness", *Journal of International Money and Finance*, 26 (3)：430-453.

[89] Porter, M. E. 1985. *Competitive Advantage*, New York：The Free Press.

[90] Kothandaraman, Prabakar, David T. Wilson. 2001. "The Future of Comprtition：Value - creating Networks", *Industrial Marketing Management*. Vol. 30 Issue 4：379-380.

[91] Yutaka Kato, "Target costing support systems：lessons from leading Japanese companies", *Management Accounting Research*, 1993.

[92] Cooper, Robin, Chew, W. Bruce, "Control tomorrow & costs through today & designs", *Harvard Business Review*, 1996.

[93] Ellram, L. M. "Purchasing and supply management & sparticipation in the

target costing process", *Journal of Supply Chain Management*, 2000.

[94] John K. Shank, "Strategic cost management: new wine, or just new bottles", *Journal of Management Accounting Research*, 1989.

[95] Anderson, Shannon W., Sedatole, Karen, Designing quality into products: the use of accounting data in new product. Accounting Horizon, 2009.

[96] Poon, A., Competitive strategies for a "new tourism". In Progress in Tourism, Recreation and Hospitality Management, ed. C. P. Cooper London. Belhaven Press, 1989, 91 - 102.

[97] Gomez, V. B., Sinclair, M. T., *Integration in the tourism industry: A case study approach* [A]. 1991. 67 - 90.

[98] Lafferly, G., Fossen, V. A., "Integrating the tourism industry: problem and strategies", *Tourism Management.* 2001, 22 (1).

[99] Eun, c., and S. Shim. 1989. "International Transmission of Stock Market Movements", *Journal of Financial and Quantitative Analysis.* 24, 241 - 256.

[100] Hamao, Y., Masulis, R. W. & Ng, V., "Correlations in Price Changes and Volatility across International Stock Markets", *Review of Financial Studies*, 1990, 3, 208 - 307.

[101] Lin, W., Engle, R. F. & Ito, T., "Do Bulls and Bears Move across Borders? International Transmission of Stock Returns and Volatility", *Review of Finance Studies*, 1994, 7, 507 - 538.

[102] Theodossiou, P., Kahya, E., Koutmos, G., Christofi, A., "Volatility reversion and correlation structure of returns in major inter-

national stock market", *The Financial Review*, 1997, 32: 5 – 24.

[103] Huang, B. N. , Yang, CW, Hu, J. W. , "Causality and cointegration of stock market among the United States, Japan, and the South China Growth Triangle", *International Review of Financial Analysis*, 2000, 9 (3): 281 – 297.

[104] Hahm, S. , "Transmission of stock returns and volatility: the case of Korea, *Journal of Korean Econ*, 2003, 5: 17 – 45.

[105] Gerard L. Gannon, Simultaneous volatility transmission and spillover effects [Z]. Working paper, 2004.

[106] Daal, E. , Naka, A. , Yu, J. S. , "Volatility clustering, leverage effects, and jump dynamics in the US and emerging Asian equity markets", *Journal of Banking Finance*, 2007, 31: 2751 – 2769.

[107] Yu, J. S. , Hassan, M. K, "Global and regional integration of the Middle East and North African (MENA) Stock markets", *Quarterly Review of Econ Finance*, 2008, 48: 482 – 504.

[108] Beber, A. , Brandt, M. , Kavajecz, K, "Flight – to – quality or Flight – to – liquidity? Evidence from the Euro – area bond market", *Review of Financial Studies*, 2009, 22: 925 – 957.

[109] Baur, D. , Lucey, B. , "Flights and contagion – An empirical analysis of stock – bond correlations", *Journal of Financial Stability*, 2009, 2008. 08. 001.

[110] Bansal, N. , Connolly, R. , Stivers, C. , Changes in market behavior during bad times: A bivariate regime – switching approach with stock and T – bond futures. Working paper, University of Geor-

gia, 2007.

[111] Connolly, R. , et al. , Stock market uncertainty and the stock – bond return relation. 2005, 40: 161 ~ 194.

[112] Connolly, R. , Stivers, C. , Sun, L. , "Commonality in the time – variation of stock – stock and stock – bond return comovements", *Journal of Financial Markets*. 2007, 10: 192 ~ 218.

[113] Amihud, Y. , Mendelson, H. , Wood, R. , "Liquidity and the 1987 stock market crash", *Journal of Portfolio Management*, 1990, 16: 65 – 69.

[114] Underwood, S. "The cross – market information content of stock and bond order flow", *Journal of Financial Markets*, 2009, 12: 268 – 289.

[115] T. Yoshikawa, J. Innes, F. Mitchell, "A Japanese case study of functional cost analysis", *Management Accounting Research*, 1995.

[116] Underwood, S. , "The cross – market information content of stock and bond order flow", *Journal of Financial Markets*, 2008.

[117] Connolly, R. , Stivers, C. , Sun. L. , "Commonality in the time – variation of stock – stock and stock – bond return commovements", *Journal of Financial Markets*, 2007 (10): 192 – 218.

[118] Longstaff, F. , "The flight – to – liquidity premium in U. S. Treasury bond prices", *Journal of Business*, 2004, 77 (3): 511 – 526.

[119] Vayanos, D. , Flight to quality, flight to liquidity, and the pricing of risk. NBER working paper10327, 2004.

[120] Brunnermeier, M. , Pedersen, L. , "Market liquidity and funding liquidity", *Review of Financial Studies*, 2009, forthcoming.

［121］ Acharya, V., Pedersen, L., Asset Pricing with Liquidity Risk. London Business School and CEPR Working Paper, 2003.

［122］ Lee, C., Ready, M., "Inferring trade direction from in traday data", *Journal of Finance*, 1991 (46): 733 – 746.

［123］ Amihud, Liquidity and stock returns: "cross – section and time – series effects", *Journal of Financial Markets*, 2002 (5): 31 – 56.

［124］ Bae, Karolyi, "A New Approach to Measuring Financial Contagion", *The Review of Financial Studies*, 2003 (3): 717 – 763.

［125］ Reinhart, C. and Calvo, S., 1996. "Capital Flows to Latin America: Is There Evidence of Contagion Effects?", Policy Research Working Paper Series 1619, The World Bank.

［126］ Soydemir, G. 2000, "International Transmission Mechanism of Stock Market Movements: Evidence from Emerging Equity Markets", *Journal of Forecasting*, Vol. 19: 149 – 176.

［127］ Barsky, R. B., 1989, "Why don't the Prices of Stocks and Bonds Move together?", *American Economic Review*, Vol. 79: 1132 – 1145.

［128］ Miller, M. (1977), "Debt and taxes", *Journal of Finance*. 32: 261 – 275.

［129］ Che, Y. K., I. Gale (2000), "The optimal mechanism for selling to a budget – constrained buyer", *Journal of Economic Theory*. 92: 198 – 233.

［130］ Buzacott, J. A, Zhang, R. Q., "Inventory management with asset – based financing", *Management Science*, 2004, 50 (9): 1274 – 1292.

[131] Caldentey, R. , Martin. B. , Haugh, 2005, Supply Contracts Financial Hedging. Working Paper, Columbia University, New York.

[132] Caldentey, Chen, X. F. Financing Service and Supply Chain Contracting. Working Paper, Stem School of Business in New York University, 2007.

[133] Ding, Q. , Dong, L. , Kouvelis, "P. , On the integration of Production and financial hedging decisions in global markets", *Forthcoming in Operation Research*, 2005.

[134] Dong, L. , Kouvelis, P, , Su. P. , Operational Hedging Strategies and Competitive Exposure to Exchange Rates. Working Paper, Olin Schol of Business, Washington University, 2006.

[135] Allen N. Berger, Gregroy F. Udell, A More Complete Conceptual Framework for SME Finance [C] . World Bank Conference on Small and Medium Enterprises: overcoming Constraints, MC13 - 121, October, 2004, 14 - 15.

[136] Engle Robert, F. , "Autoregressive Conditional Heteroscedasticity with Estimates of the Variance of United Kingdom Inflation", *Econometrica*, 1982, 50 (4): 987 - 1008.

[137] Bollerslev, T. , "A Generalized Autoregressive Conditional Heteroskedasticity", *Journal of Econometrics*, 1986, 31, 307 - 327.

[138] Zellner, A. , Theil, H. , "Three stages least squares: Simultaneous Estimation of Simultaneous Equations", *Econometrica*, 1962, 130: 63 - 68.

图书在版编目（CIP）数据

价值链风险溢出与投资转移：以旅游业价值链为例／尹美群
等著．—北京：社会科学文献出版社，2014.1
ISBN 978 - 7 - 5097 - 5381 - 1

Ⅰ.①价…　Ⅱ.①尹…　Ⅲ.①旅游业 - 风险投资 - 研究
Ⅳ.①F590.3

中国版本图书馆 CIP 数据核字（2013）第 286432 号

价值链风险溢出与投资转移
——以旅游业价值链为例

著　　者／尹美群 等

出 版 人／谢寿光
出 版 者／社会科学文献出版社
地　　址／北京市西城区北三环中路甲 29 号院 3 号楼华龙大厦
邮政编码／100029

责任部门／经济与管理出版中心（010）59367226　　责任编辑／高　雁　梁　雁
电子信箱／caijingbu@ ssap. cn　　　　　　　　　　责任校对／李卫华
项目统筹／高　雁　　　　　　　　　　　　　　　　责任印制／岳　阳
经　　销／社会科学文献出版社市场营销中心（010）59367081　59367089
读者服务／读者服务中心（010）59367028

印　　装／三河市东方印刷有限公司
开　　本／787mm×1092mm　1/16　　　　　　　　印　　张／12.25
版　　次／2014 年 1 月第 1 版　　　　　　　　　　字　　数／133 千字
印　　次／2014 年 1 月第 1 次印刷
书　　号／ISBN 978 - 7 - 5097 - 5381 - 1
定　　价／55.00 元